中等职业教育课程改革“十四五”规划教材

小企业会计综合实训

Xiaoqiye Kuaiji Zonghe Shixun

主编／余国艳
副主编／梁浩彤 周燕飞

立信会计出版社
LIXIN ACCOUNTING PUBLISHING HOUSE

图书在版编目(CIP)数据

小企业会计综合实训 / 余国艳主编. —上海：立信会计出版社，2021.8

中等职业教育课程改革“十四五”规划教材

ISBN 978-7-5429-6930-9

Ⅰ. ①小… Ⅱ. ①余… Ⅲ. ①中小企业—会计—中等专业学校—教材 Ⅳ. ①F276.3

中国版本图书馆 CIP 数据核字(2021)第 175722 号

责任编辑　王斯龙

小企业会计综合实训

XIAOQIYE KUAIJI ZONGHE SHIXUN

出版发行	立信会计出版社		
地　　址	上海市中山西路 2230 号	邮政编码	200235
电　　话	(021)64411389	传　　真	(021)64411325
网　　址	www.lixinaph.com	电子邮箱	lixinaph2019@126.com
网上书店	http://lixin.jd.com		http://lxkjcbs.tmall.com
经　　销	各地新华书店		

印　　刷	上海天地海设计印刷有限公司		
开　　本	787 毫米×1092 毫米	1/16	
印　　张	16.25	插　　页	7
字　　数	386 千字		
版　　次	2021 年 8 月第 1 版		
印　　次	2021 年 8 月第 1 次		
印　　数	1—2 100		
书　　号	ISBN 978-7-5429-6930-9/F		
定　　价	42.00 元		

前言 FOREWORD

本书紧扣最新《小企业会计准则》和最新税收制度，充分考虑中职学生所学知识与相关行业及岗位的需求，根据实际会计工作的程序和方法设计，结合多年的教学与实践工作经验编写而成。

本书按照制造业企业会计核算工作过程，模拟一家企业一个月发生的经济业务，完成期初资料登记、审核与填制原始凭证、编制记账凭证、登记账簿、成本计算、编制会计报表、会计档案整理、纳税申报等典型工作任务，使学生能在模拟的职业场景中体验会计工作，通过模拟实训，使学生熟练掌握企业手工记账的基本流程和核算技能，进一步提高会计电算化的操作技能，培养学生实际工作必备的职业能力、职业习惯与职业意识，缩短学生就业能力与企业人才需求的距离。

本书由手工记账、电算化记账两个模块组成。在编写上有两个特点：①学生可以根据同一套实训资料完成手工记账和电算化记账工作，有效解决会计职业教育的岗位针对性、就业适应性；②使用最新版本的银行结算凭证、发票和纳税申报表，仿真性和时效性强，所附原始凭证来自企业、银行、税务机关的实际调研，力求实训资料准确、规范。

需要说明的是：①本书会计电算化记账以用友财务软件为蓝本，数据具有通用性，同样适用于其他财务软件上机操作；②本综合实训与一般会计教程相配套。

本书由余国艳任主编，负责拟定编写大纲和全书总纂；梁浩彤、周燕飞任副主编。第一模块由余国艳、梁浩彤、周燕飞、李波编写；第二模块由吴丽冬、周燕飞编写。

本书适用于中职、高职学校会计类专业学生的会计模拟实训，也适用于参加会计技能比赛的学生的提前实战，同时可作为在岗会计人员和即将从事会计工作的人士培训或自学用书。

在编写过程中得到来自会计行业、银行系统、税务部门的专家的鼎力支持，本综合实训的编写参考和借鉴了相关资料，在此一并表示衷心感谢。

由于编者水平有限，本书疏误之处在所难免，敬请读者批评指正。

编　者

2021 年 4 月

目录 CONTENTS

第一模块

手 工 记 账

任务 1 了解企业基本情况

操作背景

让我们走进将要模拟的实训企业，看看企业概况。

一、模拟企业基本资料

企业名称	广州市美妍食品有限公司
法人代表	余力
注册资本	人民币壹佰捌拾万元整
经营范围	生产：代可可脂巧克力
产品品种	纯巧克力、牛奶巧克力、果仁巧克力
地址、邮编	广州市华东路 88 号　510195
电　　话	020-87654321
纳税人识别码	440107666678888666
开户银行、账号	中国建设银行股份有限公司广州市东田支行　5566778899
生产组织部门	基本生产车间（食品加工车间）、辅助生产车间（运输车间）、专设销售部门
银行预留印鉴	广州市美妍食品有限公司财务专用章　余力

二、企业生产组织形式和工艺流程

1. 企业生产组织形式

多步骤、大批重复生产三种巧克力，企业管理层不要求提供各步骤半成品成本资料。企业设有一个食品加工车间和一个运输车间，并专设了销售机构。

2. 巧克力的制作流程

原料→混合→细磨→精炼→调温→成形→挑选→包装→巧克力

三、主要往来单位的资料

1. 客户

客户编码	客户名称	纳税人识别号	地址、电话	开户银行	开户账号
001	厦门市益佳有限公司	440102567891236664	厦门市兴安路25号 0592-66554433	工行兴安支行	9988776600
002	太原市新好有限公司	142701340098806660	太原市迎海路1号 0351-8756233	工行迎海支行	8877665500
003	广州市可可零食屋	440141936742126664	广州市建安路12号 020-84321111	建行建安支行	7766554400
004	长沙加福有限公司	430100087623416662	长沙市芙蓉中路888号美丽大厦一楼 0731-54231564	工行宜安支行	4665778998

2. 供应商

供应商编码	供应商名称	纳税人识别号	地址、电话	开户银行	开户账号
001	广州市乐多食品有限公司	440103456706736664	广州市兴华路68号 020-68754967	建行白云支行	2232425262
002	上海市美乐食品有限公司	310115740664476668	上海市龙华北路900号 021-63332225	中行海清支行	2131415161
003	深圳市汇源食品有限公司	440208654306646664	深圳市华强路54号 0755-87655442	工行泰安支行	3134245363

四、产品生产工时和售价

产品名称	生产工时	不含税售价	含税售价
纯巧克力	450 小时	88 元/盒	99.44 元/盒
牛奶巧克力	400 小时	68 元/盒	76.84 元/盒
果仁巧克力	350 小时	78 元/盒	88.14 元/盒

任务 2　熟悉企业会计政策和会计核算方法

操作背景

熟悉企业会计政策和会计核算方法是会计工作的关键。

一、会计政策和会计核算程序

1. 执行的会计政策

该企业执行《小企业会计准则》进行会计核算。

2. 会计核算程序

采用科目汇总表核算程序，每月 15 日和最后一日定期汇总该期间记账凭证各科目发生额，编制科目汇总表，并据以登记总账。

二、会计核算方法

1. 存货核算方法

存货采用实际成本法核算，并按全月一次加权平均法确定发出存货的实际成本。低值易耗品摊销采用一次摊销法。

2. 固定资产折旧方法

固定资产折旧额采用年限平均法计提，折旧额每月按分类折旧率计算，其中：房屋及建筑物月折旧率 0.8%、机器设备月折旧率 1.6%、运输工具月折旧率 1.6%、其他机器设备月折旧率 3%。

3. 无形资产摊销方法

无形资产在取得的当期按合同约定的期限(10 年)平均摊销计入当期损益。

4. 成本费用核算

(1) 基本生产成本。产品成本核算采用品种法，“生产成本”总账科目下设“基本生产成本”“辅助生产成本”两个二级科目。基本生产成本明细账，设置“直接材料”“直接人工”“制造费用”成本专栏，外购生产用动力费用在“直接材料”栏目归集。基本生产车间在核算纯巧克力、牛奶巧克力、果仁巧克力成本时，不核算在产品成本，生产费用全部由完工产品负担。

(2) 辅助生产成本。按辅助生产车间开设辅助生产成本明细账，按费用项目设置工资、福利费、折旧费、水电费、社会保险费、住房公积金、低值易耗品摊销、汽油费、路桥费、其他费用等成本专栏，归集辅助生产车间发生的各种直接费用和间接费用。月末按为受益对象提供的劳务量直接分配辅助生产费用。

(3) 制造费用。按基本生产车间开设制造费用明细账，按费用项目设置工资、福利费、折旧费、水电费、社会保险费、住房公积金、其他费用等成本专栏。月末按机器工时分配制造费用。

(4) 管理费用。按费用项目设置工资、福利费、折旧费、水电费、社会保险费、住房公积金、业务招待费、办公费、差旅费、运输费、其他费用等细目。

(5) 财务费用。按费用项目设置利息支出、手续费、其他费用等细目。

(6) 销售费用。按费用项目设置工资、福利费、折旧费、水电费、社会保险费、住房公积金、广告费、运输费、其他费用等细目。

5. 税费及社会保险费的核算

(1) 本企业为增值税一般纳税人，主要税费有：增值税税率 13%，城市维护建设税税率 7%，教育费附加征收率 3%，企业所得税税率 25%。企业所得税按季预缴，年终汇算清缴。

(2) “五险一金”包括基本养老保险、失业保险、基本医疗保险、工伤保险、生育保险、住房公积金，还包括了重大医疗保险(基本医疗保险附加险)。各项目按上年缴费职工月平均工资的相应比例计算，按月缴纳。

6. 利润总额的核算方法

利润总额的计算与结转采用“账结法”。

7. 利润分配的核算

年末按税后利润的 10%提取法定盈余公积金，根据董事会决议向投资者分配利润。

8. 借款利息的核算

(1) 借款利息的计提时点：借款合同所约定的应付利息日，既不是实际支付利息日，也不是资产负债表日，即不需要预提利息费用。

(2) 在应付利息日，将确定的利息费用通过“应付利息”科目核算。

9. 其他

分配率保留四位小数，单位成本保留两位小数。

任务 3　明确实习目标和实习分工

操作背景

看看我们的工作任务和要求是什么？

一、实习目标

(1) 熟悉企业手工记账的操作流程。
(2) 能完成出纳、会计各岗位工作任务。
(3) 培养会计人员基本的职业素养。

二、实习分工

模拟实习分工可以采用以下两种方式。

1. 非分岗实习

由一人扮演出纳、会计多个工作岗位的角色,不分岗独立完成整套实习。实际工作中,出纳和会计不能由一人担任。

2. 分岗轮换实习

第一种:分出纳、会计两个岗位轮换。

第二种:分出纳岗、记账凭证岗、明细账岗、总账报表岗四个岗位轮换。

三、各岗位任务

1. 出纳岗

(1) 签发支票、持支票和银行汇票等办理进账。
(2) 复核收付款业务记账凭证,在出纳签名处签名或盖章。
(3) 根据记账凭证及其附件登记现金日记账和银行存款日记账,日清月结。

2. 记账凭证岗

(1) 审核及填制原始凭证。
(2) 根据原始凭证编制记账凭证,在制证处签名或盖章。
(3) 整理装订会计凭证。

3. 明细账岗

根据原始凭证、记账凭证及其附件逐笔登记明细账,月末结账。

4. 总账报表岗

(1) 汇总 9 月 1 日～15 日和 16 日～30 日记账凭证各科目的发生额,编制科目汇总表。
(2) 根据科目汇总表登记总账,月末结账。
(3) 编制总账科目余额试算平衡表。
(4) 编制银行存款余额调节表。
(5) 编制资产负债表、利润表。
(6) 填写税收申报表。

四、实训准备

(1) 实训用具:笔、直尺、回形针、胶水或固体胶、装订凭证的针和线等。

(2) 自备记账凭证 70 张,凭证封面 2 张。

(3) 自备三个信封,分别写上给客户或供应商、送银行、企业自留。对非附件的原始凭证分类整理后放入相应的信封。

难点提示

存货	账务处理方法
原材料及周转材料	根据"收料单"等原始凭证编制记账凭证,进行材料收入总分类核算及明细核算。
	根据"领料单"在材料明细账中登记发出材料的数量,计算结存数量,进行材料数量核算。
	月末,采用全月一次加权平均法计算并结转发出材料成本。根据"领料单"汇总编制"发料凭证汇总表",并根据"发料凭证汇总表"编制记账凭证,进行材料发出总分类核算。
库存商品	月份内根据产成品"入库单""出库单"进行库存商品收发存数量核算。
	月末,根据"产品成本计算单"和"完工产品成本汇总表"结转完工产品成本。
	月末,根据产成品"出库单"汇总编制"产品销售成本计算表",采用全月一次加权平均法计算并结转产品销售成本,进行产成品总分类核算。

任务 4　模拟企业手工记账

操作背景

准备好了吗?记账工作开始啦!

一、登记期初余额

根据广州市美妍食品有限公司 2021 年 8 月 31 日总分类账和明细分类账余额,按照指定的账页格式登记期初余额。

2021 年 8 月 31 日账户资料

编　号	总账科目	明细科目	借方余额	贷方余额	账页格式
1001	库存现金		**8 789.52**		三栏式
1002	银行存款		**807 443.36**		三栏式
100201		建行广州市东田支行	807 443.36		三栏式
1012	其他货币资金		**100 000.00**		三栏式

（续表）

编　号	总账科目	明细科目	借方余额	贷方余额	账页格式
101201		存出投资款	100 000.00		三栏式
1122	应收账款		**558 778.00**		三栏式
112201		厦门市益佳有限公司	223 400.00		三栏式
112202		太原市新好有限公司	211 700.00		三栏式
112203		长沙市加福有限公司	123 678.00		三栏式
1221	其他应收款		**3 000.00**		三栏式
122101		李小利	3 000.00		三栏式
1231	坏账准备			618.39	
1402	在途物资				三栏式
140201		广州市乐多食品有限公司			三栏式
140202		上海市美乐食品有限公司			三栏式
140203		深圳市汇源食品有限公司			三栏式
1403	原材料		**56 420.00**		三栏式
140301		可可液块（500 千克，每千克 45.00 元）	22 500.00		数量金额式
140302		奶粉（180 千克，每千克 90.00 元）	16 200.00		数量金额式
140303		白砂糖（200 千克，每千克 5.10 元）	1 020.00		数量金额式
140304		乳化剂（200 千克，每千克 15.00 元）	3 000.00		数量金额式
140305		食用香料（100 千克，每千克 85.00 元）	8 500.00		数量金额式
140306		坚果（100 千克，每千克 52.00 元）	5 200.00		数量金额式
1405	库存商品		**126 900.00**		三栏式
140501		纯巧克力（1 400 盒，每盒 26.00 元）	36 400.00		数量金额式
140502		牛奶巧克力（2 000 盒，每盒 24.00 元）	48 000.00		数量金额式
140503		果仁巧克力（1 700 盒，每盒 25.00 元）	42 500.00		数量金额式
1411	周转材料		**26 100.00**		三栏式
141101		包装物			三栏式

（续表）

编　号	总账科目	明细科目	借方余额	贷方余额	账页格式
14110101		包装盒（8 000 盒，每盒 3.20 元）	25 600.00		数量金额式
141102		低值易耗品			三栏式
14110201		故障警示牌（5 个，每个 60.00 元）	300.00		数量金额式
14110202		棉纱手套（100 双，每双 2.00 元）	200.00		数量金额式
1601	固定资产		**1 370 000.00**		三栏式
160101		房屋及建筑物	500 000.00		三栏式
160102		机器设备	620 000.00		三栏式
160103		运输工具	200 000.00		三栏式
160104		其他设备	50 000.00		三栏式
1602	累计折旧			**158 009.51**	三栏式
1701	无形资产				三栏式
1702	累计摊销				三栏式
2001	短期借款			**222 000.00**	三栏式
200101		建行广州市东田支行			三栏式
2201	应付票据				三栏式
220101		江苏省盐力机械有限公司			三栏式
2202	应付账款			**51 678.61**	三栏式
220201		广州市乐多食品有限公司		8 388.61	三栏式
220202		上海市美乐食品有限公司		8 790.00	三栏式
220203		广州市供电分公司		32 000	三栏式
220204		广州市自来水公司		2 500	三栏式
2211	应付职工薪酬				三栏式
221101		职工工资			三栏式
221102		职工福利费			三栏式
221103		社会保险费			三栏式
221104		住房公积金			三栏式
2221	应交税费			**27 371.55**	三栏式
222101		应交增值税			多栏式
22210101		进项税额			

（续表）

编　号	总账科目	明细科目	借方余额	贷方余额	账页格式
22210102		已交税金			
22210106		销项税额		23 603.70	
22210107		进项税额转出			
222102		待抵扣进项税额			
222103		应交城市维护建设税		1 652.26	三栏式
222104		应交教育费附加		708.11	三栏式
222105		应交个人所得税		1 407.48	三栏式
222106		应交所得税			三栏式
2231	应付利息				三栏式
2241	其他应付款				三栏式
224101		社会保险费(养老保险、失业保险费、医疗保险费)			三栏式
224102		住房公积金			三栏式
2501	长期借款				三栏式
250101		建行广州市东田支行			三栏式
3001	实收资本			**1 800 000.00**	三栏式
300101		余力		1 500 000.00	三栏式
300102		刘裕玮		300 000.00	三栏式
3002	资本公积			100 000.00	三栏式
300201		资本溢价		100 000.00	三栏式
3101	盈余公积			**145 200.21**	三栏式
310101		法定盈余公积		145 200.21	三栏式
3103	本年利润			400 493.00	三栏式
3104	利润分配			**152 059.61**	三栏式
310401		未分配利润		152 059.61	三栏式
4001	生产成本				三栏式
400101		基本生产成本			三栏式
40010101		纯巧克力			多栏式
40010102		牛奶巧克力			多栏式
40010103		果仁巧克力			多栏式
400102		辅助生产成本			三栏式

（续表）

编　号	总账科目	明细科目	借方余额	贷方余额	账页格式
40010201		运输车间（工资、福利费、折旧费、水电费、社会保险费、住房公积金、低值易耗品摊销、汽油费、路桥费、其他费用）			多栏式
4101	制造费用				三栏式
410101		食品加工车间（工资、福利费、折旧费、水电费、社会保险费、住房公积金、其他费用）			多栏式
5001	主营业务收入				三栏式
500101		纯巧克力			三栏式
500102		牛奶巧克力			三栏式
500103		果仁巧克力			三栏式
5111	投资收益				三栏式
5301	营业外收入				三栏式
5401	主营业务成本				三栏式
540101		纯巧克力			三栏式
540102		牛奶巧克力			三栏式
540103		果仁巧克力			三栏式
5403	税金及附加				三栏式
5601	销售费用				三栏式
		工资、福利费、折旧费、水电费、社会保险费、住房公积金、广告费、运输费、商品维修费、业务宣传费、其他费用			多栏式
5602	管理费用				三栏式
		工资、福利费、折旧费、水电费、社会保险费、住房公积金、业务招待费、办公费、差旅费、运输费、其他费用			多栏式
5603	财务费用				三栏式
		利息费用、手续费、其他费用			多栏式
5711	营业外支出				三栏式
5801	所得税费用				三栏式
	合　计		**3 057 430.88**	**3 057 430.88**	

二、会计业务核算处理

根据广州市美妍食品有限公司 2021 年 9 月的业务资料和业务单据编制记账凭证。

注意:填制记账凭证的日期统一以业务资料提示的日期为填开日期。

业务 1　1 日,签发支票向广州市乐多食品有限公司购买材料一批。

业务 2　1 日,基本生产车间领用原料一批。

业务 3　1 日,借入 2 年期生产周转的借款,年利率 7.8%,与银行约定按月付息,到期还本,不计复利。

业务 4　2 日,本月 1 日购买的材料验收入库。

业务 5　3 日,支付上月电费。

业务 6　4 日,支付上月水费。

业务 7　5 日,签发支票提现金 6 000 元备用(出纳员身份证号码:44010419701206××××)。

业务 8　6 日,生产部门领用包装盒,运输车间领用周转材料。

业务 9　7 日,巧克力验收入库。

业务 10　8 日,向厦门市益佳有限公司销售巧克力。其中:纯巧克力 800 盒,单价 88 元;牛奶巧克力 1 500 盒,单价 68 元,果仁巧克力 1 000 盒,单价 78 元,价款共计 250 400.00 元,增值税 32 552.00 元。

业务 11　9 日,行政部门李小利预借差旅费。

业务 12　9 日,签发支票委托银行代发工资,同时结转代扣款项。

业务 13　10 日,上交社会保险费,并分配入成本费用(单位代个人交纳部分采用先扣后付方式,业务 16 同)。

业务 14　11 日,缴交税费。

业务 15　12 日,支付电话费。

业务 16　13 日,银行划扣住房公积金(单位负担 4 320 元,个人负担 4 320 元),并分配入成本费用。

业务 17　13 日,向怡罗食品(广东)有限公司购买商标特许权。

业务 18　14 日,向上海市美乐食品有限公司购买材料,按材料买价分配运费。

业务 19　15 日,李小利从南京出差回来报销差旅费。

提示:编制 1 至 15 日科目汇总表。

业务 20　16 日,持商业汇票向江苏盐力机械有限公司购买 JJMJ40 精磨机,精磨机不需安装已验收。

业务 21　17 日,委托银行支付上海市美乐食品有限公司货款。

业务 22　18 日,基本生产车间领用原料一批。

业务 23　19 日,以现金购买办公用品。

业务 24　20 日,巧克力验收入库。

业务 25　21 日,支付短期借款利息。

业务 26 21 日，向太原市新好有限公司销售纯巧克力。其中：纯巧克力 1 500 盒，单价 88.00 元；牛奶巧克力 1 600 盒，单价 68.00 元，果仁巧克力 800 盒，单价 78 元，价款共计 303 200.00元，增值税 39 416 元。

业务 27 22 日，用现金发放财务部陈智勇生病慰问金 200 元，同时结转到成本费用。

业务 28 23 日，签发支票支付招聘广告费。

业务 29 24 日，用银行存款购买发票。

业务 30 25 日，向深圳市汇源食品有限公司购买材料，并支付汇款手续费。

业务 31 26 日，签发支票支付产品广告宣传费。

业务 32 27 日，签发支票向浙江省新华爱心教育基金会捐款。

业务 33 28 日，支付运输部门的汽油及路桥费。

业务 34 29 日，向广州市可可零食屋销售纯巧克力 500 盒，单价 88 元，价款 44 000 元，增值税 5 720 元。

业务 35 29 日，以现金支付报刊费。

业务 36 30 日，支付本月长期借款利息。（资料见业务 3）

业务 37 30 日，销售部陈露露报销业务招待费。

业务 38 30 日，巧克力验收入库。

业务 39 30 日，结转发出材料成本。

业务 40 30 日，分配本月电费 39 200 元。

业务 41 30 日，分配本月水费 3 000 元。

业务 42 30 日，分配工资。

业务 43 30 日，计提固定资产折旧。

业务 44 30 日，摊销无形资产。

业务 45 30 日，分配辅助生产费用。

业务 46 30 日，结转制造费用。

业务 47 30 日，结转完工产品成本。

业务 48 30 日，结转销售产品成本。

业务 49 30 日，计提本月税费。

业务 50 30 日，结转本月收入和费用。

业务 51 30 日，计提并结转本季所得税（7～8 月利润总额为 10 万元）。

提示： 编制 16 日至 30 日科目汇总表。

业务单据

提示： 业务题所需的空白支票统一放在所有业务单据之前。

中国建设银行
支票存根
05666112
21876825
附加信息

出票日期　年　月　日
收款人：
金　额：
用　途：
单位主管　会计

本支票付款期限十天

中国建设银行　支票　05666112 21876825

出票日期（大写）　年　月　日　付款行名称：
收款人：　出票人账号：

人民币（大写）　亿千百十万千百十元角分

用途　密码
上列款项请从　行号
我账户内支付
出票人签章　复核　记账

中国建设银行
支票存根
05666112
21876826
附加信息

出票日期　年　月　日
收款人：
金　额：
用　途：
单位主管　会计

本支票付款期限十天

中国建设银行　支票　05666112 21876826

出票日期（大写）　年　月　日　付款行名称：
收款人：　出票人账号：

人民币（大写）　亿千百十万千百十元角分

用途　密码
上列款项请从　行号
我账户内支付
出票人签章　复核　记账

附加信息：	被背书人
身份证件名称：　　　　发证机关：	背书人签章
号码	年　月　日

（贴粘单处）

附加信息：	被背书人
身份证件名称：　　　　发证机关：	背书人签章
号码	年　月　日

（贴粘单处）

中国建设银行
支票存根
05666112
21876827
附加信息

出票日期 年 月 日
收款人：
金 额
用 途
单位主管 会计

中钞光华印制有限公司·2019年印制

中国建设银行 支 票 05666112
21876827

本支票付款期限十天

出票日期（大写） 年 月 日 付款行名称：
收款人： 出票人账号：

人民币（大写）	亿	千	百	十	万	千	百	十	元	角	分

用途 密码
上列款项请从 行号
我账户内支付
出票人签章 复核 记账

中国建设银行
支票存根
05666112
21876828
附加信息

出票日期 年 月 日
收款人：
金 额：
用 途：
单位主管 会计

中钞光华印制有限公司·2019年印制

中国建设银行 支 票 05666112
21876828

本支票付款期限十天

出票日期（大写） 年 月 日 付款行名称：
收款人： 出票人账号：

人民币（大写）	亿	千	百	十	万	千	百	十	元	角	分

用途 密码
上列款项请从 行号
我账户内支付
出票人签章 复核 记账

附加信息：	被背书人
	背书人签章 年　月　日
身份证件名称：　　　发证机关：	
号码	

（贴粘单处）

附加信息：	被背书人
	背书人签章 年　月　日
身份证件名称：　　　发证机关：	
号码	

（贴粘单处）

中国建设银行
支票存根
05666112
21876829
附加信息

出票日期　　年　　月　　日
收款人：
金　额：
用　途：
单位主管　　　会计

中钞光华印制有限公司 · 2019 年印制

本支票付款期限十天

中国建设银行　　支　票　　05666112
21876829

出票日期（大写）　　年　　月　　日　　付款行名称：
收款人：　　出票人账号：

人民币（大写）	亿	千	百	十	万	千	百	十	元	角	分

用途　　密码
上列款项请从　　行号
我账户内支付
出票人签章　　复核　　记账

中国建设银行
支票存根
05666112
21876830
附加信息

出票日期　　年　　月　　日
收款人：
金　额：
用　途：
单位主管　　　会计

中钞光华印制有限公司 · 2019 年印制

本支票付款期限十天

中国建设银行　　支　票　　05666112
21876830

出票日期（大写）　　年　　月　　日　　付款行名称：
收款人：　　出票人账号：

人民币（大写）	亿	千	百	十	万	千	百	十	元	角	分

用途　　密码
上列款项请从　　行号
我账户内支付
出票人签章　　复核　　记账

附加信息：

身份证件名称：　　发证机关：

号码

被背书人

背书人签章

年　月　日

（贴粘单处）

附加信息：

身份证件名称：　　发证机关：

号码

被背书人

背书人签章

年　月　日

（贴粘单处）

中国建设银行
支票存根
05666112
21876831
附加信息

出票日期　年　月　日
收款人：
金　额：
用　途：
单位主管　　会计

中国建设银行　支票　05666112
21876831

本支票付款期限十天

出票日期（大写）　年　月　日　付款行名称：
收款人：　出票人账号：
人民币（大写）　亿千百十万千百十元角分
用途　密码
上列款项请从　行号
我账户内支付
出票人签章　复核　记账

中国建设银行
支票存根
05666112
21876832
附加信息

出票日期　年　月　日
收款人：
金　额：
用　途：
单位主管　　会计

中国建设银行　支票　05666112
21876832

本支票付款期限十天

出票日期（大写）　年　月　日　付款行名称：
收款人：　出票人账号：
人民币（大写）　亿千百十万千百十元角分
用途　密码
上列款项请从　行号
我账户内支付
出票人签章　复核　记账

附加信息：	被背书人
身份证件名称：　　　发证机关：	
号码	背书人签章 年　月　日

（贴粘单处）

附加信息：	被背书人
身份证件名称：　　　发证机关：	
号码	背书人签章 年　月　日

（贴粘单处）

中国建设银行
支票存根
05666112
21876833
附加信息

出票日期 年 月 日
收款人：
金 额：
用 途：
单位主管 会计

中国建设银行 支 票 05666112
21876833

本支票付款期限十天

出票日期（大写） 年 月 日 付款行名称：
收款人： 出票人账号：

人民币（大写）	亿	千	百	十	万	千	百	十	元	角	分

用途 密码
上列款项请从 行号
我账户内支付
出票人签章 复核 记账

中国建设银行
支票存根
05666112
21876834
附加信息

出票日期 年 月 日
收款人：
金 额：
用 途：
单位主管 会计

中国建设银行 支 票 05666112
21876834

本支票付款期限十天

出票日期（大写） 年 月 日 付款行名称：
收款人： 出票人账号：

人民币（大写）	亿	千	百	十	万	千	百	十	元	角	分

用途 密码
上列款项请从 行号
我账户内支付
出票人签章 复核 记账

被背书人	
	背书人签章 年 月 日

（贴粘单处）

附加信息：

身份证件名称： 发证机关：

号码

被背书人	
	背书人签章 年 月 日

（贴粘单处）

附加信息：

身份证件名称： 发证机关：

号码

业务 1

4400041140

广东增值税专用发票

抵 扣 联

№ 08765401

开票日期：2021 年 09 月 01 日

购货单位	名　　称：广州市美妍食品有限公司 纳税人识别号：440107666788886666 地 址、电 话：广州市华东路 88 号　020-87654321 开户行及账号：建设银行东田支行　5566778899				密码区	（略）	
货物或应税劳务名称	规格型号	单位	数量	单价	金　额	税率	税　额
白砂糖		千克	100	5.40	540.00	13%	70.20
食用香料		千克	180	88.00	15 840.00	13%	2 059.20
乳化剂		千克	130	15.30	1 989.00	13%	258.57
合　　计					￥18 369.00		￥2 387.97
价税合计（大写）	⊗贰万零柒佰伍拾陆圆玖角柒分				（小写）￥20 756.97		
销货单位	名　　称：广州市乐多食品有限公司 纳税人识别号：440103456706736664 地 址、电 话：广州市兴华路 68 号　020-68754967 开户行及账号：建设银行白云支行　2232425262				备注	广州市乐多食品有限公司 440103456706736664 发票专用章	

第二联：抵扣联　购货方扣税凭证

收款人：李明　　复核：王晶　　开票人：陈洁　　销货单位（章）

4400041140

广东增值税专用发票

发 票 联

№ 08765401

开票日期：2021 年 09 月 01 日

购货单位	名　　称：广州市美妍食品有限公司 纳税人识别号：440107666788886666 地 址、电 话：广州市华东路 88 号　020-87654321 开户行及账号：建设银行东田支行　5566778899				密码区	（略）	
货物或应税劳务名称	规格型号	单位	数量	单价	金　额	税率	税　额
白砂糖		千克	100	5.40	540.00	13%	70.20
食用香料		千克	180	88.00	15 840.00	13%	2 059.20
乳化剂		千克	130	15.30	1 989.00	13%	258.57
合　　计					￥18 369.00		￥2 387.97
价税合计（大写）	⊗贰万零柒佰伍拾陆圆玖角柒分				（小写）￥20 756.97		
销货单位	名　　称：广州市乐多食品有限公司 纳税人识别号：440103456706736664 地 址、电 话：广州市兴华路 68 号　020-68754967 开户行及账号：建设银行白云支行　2232425262				备注	广州市乐多食品有限公司 440103456706736664 发票专用章	

第三联：发票联　购货方记账凭证

收款人：李明　　复核：王晶　　开票人：陈洁　　销货单位（章）

货款签发支票支付

业务 2

领　料　单

材料科目：原材料　　　　2021 年 9 月 1 日　　　　No：L0901

领料部门：生产车间　　　　领料用途：纯巧克力

编号	材料名称	规格	单位	请领数量	实发数量	单价	金额							
							十	万	千	百	十	元	角	分
	可可液块		千克	160	160									
	白砂糖		千克	30	30									
	乳化剂		千克	40	40									
	食用香料		千克	30	30									
备注					合计									

第三联：记账联

发料　王婉茜　　　　领料　蓝丽红　　　　制单

领　料　单

材料科目：原材料　　　　2021 年 9 月 1 日　　　　No：L0902

领料部门：生产车间　　　　领料用途：牛奶巧克力

编号	材料名称	规格	单位	请领数量	实发数量	单价	金额							
							十	万	千	百	十	元	角	分
	可可液块		千克	100	100									
	白砂糖		千克	40	40									
	奶粉		千克	100	100									
	乳化剂		千克	50	50									
备注					合计									

第三联：记账联

发料　王婉茜　　　　领料　蓝丽红　　　　制单

领　料　单

材料科目：原材料　　　　2021 年 9 月 1 日　　　　No：L0903

领料部门：生产车间　　　　领料用途：牛奶巧克力

编号	材料名称	规格	单位	请领数量	实发数量	单价	金额							
							十	万	千	百	十	元	角	分
	食用香料		千克	30	30									
备注					合计									

第三联：记账联

发料　王婉茜　　　　领料　蓝丽红　　　　制单

领 料 单

材料科目：原材料　　　　2021 年 9 月 1 日　　　　No：L0904

领料部门：生产车间				领料用途：果仁巧克力											
编号	材料名称	规格	单位	请领数量	实发数量	单价	金额								
							十	万	千	百	十	元	角	分	
	可可液块		千克	140	140										
	白砂糖		千克	30	30										
	乳化剂		千克	60	60										
	坚果		千克	37	37										
备注					合计										

第三联：记账联

发料 王婉茜　　　　领料 蓝丽红　　　　制单

领 料 单

材料科目：原材料　　　　2021 年 9 月 1 日　　　　No：L0905

领料部门：生产车间				领料用途：果仁巧克力											
编号	材料名称	规格	单位	请领数量	实发数量	单价	金额								
							十	万	千	百	十	元	角	分	
	食用香料		千克	30	30										
备注					合计										

第三联：记账联

发料 王婉茜　　　　领料 蓝丽红　　　　制单

业务 3

中国建设银行　借款借据(回单)

2021 年 9 月 1 日

借款单位	广州市美妍食品有限公司			存款户账号	5566778899										
贷款种类	结算借款	利率	月(率)6‰	贷款户账号	4567854321										
贷款金额(大写)	壹拾万元整				亿	千	百	十	万	千	百	十	元	角	分
							¥	1	0	0	0	0	0	0	0
贷款原因或用途	生产周转		约定还款日期	2023 年 9 月 1 日											
系统合同号	借字第 202168 号		上列款项已转入你单位的存款户												

中国建设银行股份有限公司
广州东田支行
2021.09.01
办讫章
(06)

业务 4

收 料 单

2021 年 9 月 2 日　　　　No：S0901

供应者：广州市乐多食品有限公司　　　　发票号码：08765401

编号	材料名称	规格	送验数量	实收数量	单位	单价	金额							
							十	万	千	百	十	元	角	分
	白砂糖		100	100	千克									
	食用香料		180	180	千克									
	乳化剂		130	130	千克									
备注			验收人签章		王婉茜		合计							

会计　　出纳　　复核　　记账　　制单

第三联：记账联

业务 5

4400041141

广东增值税专用发票

No 44020123

（印章：全国统一发票监制章 广东 国家税务总局监制）

抵 扣 联

开票日期：2021 年 09 月 02 日

购货单位	名称：广州市美妍食品有限公司 纳税人识别号：440107666678888666 地址、电话：广州市华东路 88 号 020-87654321 开户行及账号：建设银行东田支行 5566778899	密码区	（略）

货物或应税劳务名称	规格型号	单位	数量	单价	金额	税率	税额
工业电价		千瓦时	40 000	0.80	32 000.00	13%	4 160.00
合计					¥32 000.00		¥4 160.00
价税合计（大写）	⊗叁万陆仟壹佰陆拾圆整				（小写）¥36 160.00		

销货单位	名称：广东省广电集团有限公司广州供电分公司 纳税人识别号：440102312345886668 地址、电话：白云大道 28 号电力大厦 开户行及账号：工商银行流花支行 421567890	备注	（印章：广东省广电集团有限公司广州供电分公司 440102312345886668 发票专用章）

收款人：张骏　　复核：沈雪　　开票人：何伟　　销货单位（章）

第二联：抵扣联 购货方扣税凭证

4400041141 　　　　**广东增值税专用发票** 　　　　№ 44020123

发　票　联

开票日期：2021 年 09 月 02 日

购货单位	名　　称：广州市美妍食品有限公司 纳税人识别号：440107666678888666 地 址、电 话：广州市华东路 88 号　020-87654321 开户行及账号：建设银行东田支行　5566778899	密码区	（略）				
货物或应税劳务名称	规格型号	单位	数　量	单价	金　额	税率	税　额
工业电价		千瓦时	40 000	0.80	32 000.00	13%	4 160.00
合　　计					¥32 000.00		¥4 160.00
价税合计(大写)	⊗叁万陆仟壹佰陆拾圆整				（小写）¥36 160.00		
销货单位	名　　称：广东省广电集团有限公司广州供电分公司 纳税人识别号：440102312345886668 地 址、电 话：白云大道 28 号电力大厦 开户行及账号：工商银行流花支行　421567890	备注					

收款人：张骏　　复核：沈雪　　开票人：何伟　　销货单位(章)

第三联：发票联　购货方记账凭证

中国建设银行特种转账借方凭证

币种：人民币　　　　流水号：3547

付款人	全　称	广州市美妍食品有限公司	收款人	全　称	广东省广电集团有限公司广州供电分公司
	账　号	5566778899		账　号	421567890
	开户行	建设银行东田支行		开户行	工商银行流花支行
金额	（大写）叁万陆仟壹佰陆拾元整				¥36 160.00
用途	代收电费				
备注：			银行盖章		

客户回单

业务 6

4400041140

广东增值税专用发票

№ 44020123

抵 扣 联

开票日期：2021 年 09 月 04 日

<table>
<tr><td>购货单位</td><td colspan="5">名　　称：广州市美妍食品有限公司
纳税人识别号：440107666678888666
地 址、电 话：广州市华东路 88 号　020-87654321
开户行及账号：建设银行东田支行　5566778899</td><td>密码区</td><td colspan="3">（略）</td></tr>
<tr><td colspan="2">货物或应税劳务名称</td><td>规格型号</td><td>单位</td><td>数　量</td><td>单价</td><td colspan="2">金　额</td><td>税率</td><td>税　额</td></tr>
<tr><td colspan="2">工业水价</td><td></td><td>立方米</td><td>1 250</td><td>2.00</td><td colspan="2">2 500.00</td><td>9%</td><td>225.00</td></tr>
<tr><td colspan="2">合　　计</td><td></td><td></td><td></td><td></td><td colspan="2">¥2 500.00</td><td></td><td>¥225.00</td></tr>
<tr><td colspan="2">价税合计(大写)</td><td colspan="8">⊗贰仟柒佰贰拾伍圆整　　（小写）¥2 725.00</td></tr>
<tr><td>销货单位</td><td colspan="5">名　　称：广州市自来水公司
纳税人识别号：440102190211016665
地 址、电 话：山河大道 33 号　020-87615432
开户行及账号：建设银行越秀支行　6278543219</td><td>备注</td><td colspan="3"></td></tr>
</table>

收款人：丁宁　　复核：凌寒　　开票人：陈天乐　　销货单位(章)

第二联：抵扣联 购货方扣税凭证

4400041140

广东增值税专用发票

№ 44020123

发 票 联

开票日期：2021 年 09 月 04 日

<table>
<tr><td>购货单位</td><td colspan="5">名　　称：广州市美妍食品有限公司
纳税人识别号：440107666678888666
地 址、电 话：广州市华东路 88 号　020-87654321
开户行及账号：建设银行东田支行　5566778899</td><td>密码区</td><td colspan="3">（略）</td></tr>
<tr><td colspan="2">货物或应税劳务名称</td><td>规格型号</td><td>单位</td><td>数　量</td><td>单价</td><td colspan="2">金　额</td><td>税率</td><td>税　额</td></tr>
<tr><td colspan="2">工业水价</td><td></td><td>立方米</td><td>1 250</td><td>2.00</td><td colspan="2">2 500.00</td><td>9%</td><td>225.00</td></tr>
<tr><td colspan="2">合　　计</td><td></td><td></td><td></td><td></td><td colspan="2">¥2 500.00</td><td></td><td>¥225.00</td></tr>
<tr><td colspan="2">价税合计(大写)</td><td colspan="8">⊗贰仟柒佰贰拾伍圆整　　（小写）¥2 725.00</td></tr>
<tr><td>销货单位</td><td colspan="5">名　　称：广州市自来水公司
纳税人识别号：440102190211016665
地 址、电 话：山河大道 33 号　020-87615432
开户行及账号：建设银行越秀支行　6278543219</td><td>备注</td><td colspan="3"></td></tr>
</table>

收款人：丁宁　　复核：凌寒　　开票人：陈天乐　　销货单位(章)

第三联：发票联 购货方记账凭证

中国建设银行特种转账借方凭证

币种：人民币　　　　流水号：3547

付款人	全　称	广州市美妍食品有限公司	收款人	全　称	广州市自来水公司
	账　号	5566778899		账　号	6278543219
	开户行	建设银行东田支行		开户行	建设银行越秀支行
金额	(大写)贰仟柒佰贰拾伍元整			￥2 725.00	
用途	代收电费		中国建设银行股份有限公司 东田支行 2021.09.04 办讫章 (02) 银行盖章		
备注：					

客户回单

业务 7

签发支票提取现金备用

业务 8

领　料　单

材料科目：周转材料　　　　2021 年 9 月 6 日　　　　No：L0906

领料部门：生产部门						领料用途：包装纯巧克力								
编号	材料名称	规格	单位	请领数量	实发数量	单价	金额							
							十	万	千	百	十	元	角	分
	包装盒		个	1 680	1 680									
备注					合　计									

第三联：记账联

发料　王婉茜　　　　领料　陈露露　　　　制单

领　料　单

材料科目：周转材料　　　　2021 年 9 月 6 日　　　　No：L0907

领料部门：生产部门　　　　领料用途：包装牛奶巧克力

编号	材料名称	规格	单位	请领数量	实发数量	单价	金额							
							十	万	千	百	十	元	角	分
	包装盒		个	1 900	1 900									
备注					合计									

第三联：记账联

发料　王婉茜　　　　领料　陈露露　　　　制单

领　料　单

材料科目：周转材料　　　　2021 年 9 月 6 日　　　　No：L0908

领料部门：生产部门　　　　领料用途：包装果仁巧克力

编号	材料名称	规格	单位	请领数量	实发数量	单价	金额							
							十	万	千	百	十	元	角	分
	包装盒		个	1 500	1 500									
备注					合计									

第三联：记账联

发料　王婉茜　　　　领料　陈露露　　　　制单

领　料　单

材料科目：周转材料　　　　2021 年 9 月 6 日　　　　No：L0909

领料部门：运输车间　　　　领料用途：日常备用

编号	材料名称	规格	单位	请领数量	实发数量	单价	金额							
							十	万	千	百	十	元	角	分
	故障警示牌		个	1	1									
	棉纱手套		双	10	10									
备注					合计									

第三联：记账联

发料　王婉茜　　　　领料　郑梓韵　　　　制单

业务 9

成品入库单

生产车间交　　　　2021 年 9 月 7 日　　　　No：R0901

成品名称	规　格	单　位	入库数量	备　注
纯巧克力		盒	1 000	
牛奶巧克力		盒	1 000	
果仁巧克力		盒	800	

第三联：记账联

记账：　　　　验收人：王婉茜　　　　制单：王婉茜

业务 10

成品出库单

仓库：成品仓　　　　2021 年 9 月 7 日　　　　No：C0901

编号	成品名称	单位	规格	数量	单价	金额									附注
						百	千	万	千	百	十	元	角	分	
	纯巧克力	盒		800											
	牛奶巧克力	盒		1 500											
	果仁巧克力	盒		1 000											
合　计															

第三联：记账联

部门主管：　　会计：　　记账：　　发货人：王婉茜　　提货人：林佳玲　　制单：

付款期限
壹个月

中国工商银行
银行汇票

2 地名

出票日期（大写）　贰零贰壹　年　玖　月零柒日

代理付款行：工商银行兴安支行　行号：123456789876

收款人：广州市美妍食品有限公司　　账号：5566778899

出票金额 人民币（大写）叁拾万元整

实际结算金额 人民币（大写）贰拾捌万贰仟玖佰伍拾贰元整

千	百	十	万	千	百	十	元	角	分
	¥	2	8	2	9	5	2	0	0

申 请 人：厦门市益佳有限公司　　账号或住址：9988776600

出 票 行：工商银行兴安支行　行号：567896666655

备　　注：购货款

凭票付款

出票行签章

中国工商银行兴安支行有限公司 汇票专用章

李小陌

密押

多余金额

千	百	十	万	千	百	十	元	角	分
		¥	1	7	0	4	8	0	0

复核　记账

此联代理付款行付款后作联行往账借方凭证附件

付款期限
壹个月

中国工商银行
银行汇票（解讫通知）

3 地名

出票日期（大写）　贰零贰壹　年　玖　月零柒日

代理付款行：工商银行兴安支行　行号：1234567489876

收款人：广州市美妍食品有限公司　　账号：5566778899

出票金额 人民币（大写）叁拾万元整

实际结算金额 人民币（大写）贰拾捌万贰仟玖佰伍拾贰元整

千	百	十	万	千	百	十	元	角	分
	¥	2	8	2	9	5	2	0	0

申 请 人：厦门市益佳有限公司　　账号或住址：9988776600

出 票 行：工商银行兴安支行　行号：567896666655

备　　注：购货款

代理付款行签章

密押

多余金额

千	百	十	万	千	百	十	元	角	分
		¥	1	7	0	4	8	0	0

复核　记账

此联代理付款行兑付后随报单寄出票行，由出票行作多余款贷方凭证

被背书人	被背书人
背书人签章 年 月 日	背书人签章 年 月 日

（贴粘单处）

持票人向银行
提示付款签章

身份证件名称 发证机关

号码																		

中国建设银行 进账单 （回 单） 1

年 月 日

出票人	全 称		收款人	全 称	
	账 号			账 号	
	开户银行			开户银行	

		亿	千	百	十	万	千	百	十	元	角	分
金额	人民币（大写）											

票据种类		票据张数		
票据号码				
复核 记账				开户银行签章

此联是开户银行交给持（出）票人的回单

4400041140

广东增值税专用发票

No 80140554

此联不作报销、扣税凭证使用 开票日期： 年 月 日

购货单位	名 称： 纳税人识别号： 地 址、电 话： 开户行及账号：				密码区	（略）	
货物或应税劳务名称	规格型号	单位	数量	单价	金 额	税率	税 额
合 计							
价税合计（大写）					（小写）		
销货单位	名 称： 纳税人识别号： 地 址、电 话： 开户行及账号：				备注		

收款人： 复核： 开票人： 销货单位：（章）

第一联：记账联 销货方记账凭证

业务 11

借　支　单

2021 年 9 月 9 日

<table>
<tr><td>借款人
姓名</td><td>李小利</td><td colspan="3">借款金额：零万贰仟零佰零拾零元零角零分</td></tr>
<tr><td>借款事由</td><td>到上海洽谈业务</td><td rowspan="2">主管审批意见</td><td colspan="2">同意。
余力
2021 年 9 月 9 日</td></tr>
<tr><td>还款计划</td><td>现金付讫</td><td colspan="2">批准金额：
¥2 000.00</td></tr>
</table>

签收：李小利

业务 12

工资结算汇总表

2021 年 9 月

车间以及部门		基本工资	奖金	津贴	加班工资	应付工资	代扣款项					实发工资
							养老保险	失业保险	医疗保险	住房公积金	个人所得税	
基本生产车间	生产工人	9 100.00	1 203.12	350.00	1 346.88	12 000.00	840.00	10.50	210.00	1 050.00	97.88	9 791.62
	管理人员	4 800.00	377.10	200.00	881.98	6 259.08	416.00	5.20	104.00	520.00	5.72	5 208.16
辅助生产部门		3 800.00	744.19	0.00	215.99	4 760.18	336.00	4.20	84.00	420.00	0.00	3 915.98
销售部门		4 400.00	8 033.33	0.00	809.16	13 242.49	400.00	5.00	100.00	500.00	193.92	12 043.57
行政管理部门		17 100.00	1 207.23	850.00	1 744.84	20 902.07	1 464.00	18.30	366.00	1 830.00	357.00	16 866.77
合计		39 200.00	11 564.97	1 400.00	4 998.85	57 163.82	3 456.00	43.20	864.00	4 320.00	654.52	47 826.10

审核人：陈智勇　　　　制表人：吴美静

9 日签发支票由银行代发职工工资(签发日期为 9 月 9 日)

业务 13

社会保险费电子转账凭证

凭证号：88096611

2021 年 9 月 9 日　　　　凭证提交号：112233

<table>
<tr><td rowspan="4">付款人</td><td>全　称</td><td>广州市美妍食品有限公司</td><td rowspan="4">收款人</td><td>全　称</td><td>国家税务总局广州市越秀区税务局第二税务所</td></tr>
<tr><td>账　号</td><td>5566778899</td><td>账　号</td><td>3602001022001485123</td></tr>
<tr><td>开户行</td><td>中国建设银行广州市东田支行</td><td>开户行</td><td>国家金库越秀支库</td></tr>
<tr><td>行号</td><td>4321</td><td>行号</td><td>17925</td></tr>
<tr><td colspan="2">金额</td><td colspan="2">人民币壹万叁仟贰佰捌拾捌元陆角捌分</td><td colspan="2">¥13 288.68</td></tr>
<tr><td>摘要</td><td colspan="4">代扣号：123427850，2021 年 9 月社保费
养老小计：8 640.00　单位养老：5 184.00　个人养老：3 456.00
失业小计：129.60　单位失业：86.40　个人失业：43.20
医疗小计：3 888.00　单位医疗：3 024.00　个人医疗：864.00
重大医疗保险小计：112.28　单位重大医疗保险：112.28
工伤小计：151.60　单位工伤：151.60
生育小计：367.20　单位生育：367.20
合计：13 288.68　合计：8 925.48　合计：4 363.20</td><td rowspan="2">中国建设银行股份有限公司
东田支行
2021.09.09
办讫章
(03)
收款人开户
银行盖章

转账时间：
11:30:10</td></tr>
<tr><td>备注</td><td colspan="4">本凭证一式两联：第一联作开户银行的记账凭证，第二联交缴费单位作记账凭证。
打印次数：</td></tr>
</table>

复核：　　　　记账：

社会保险费分配表

2021 年 9 月 10 日

应借账户		分配标准（生产工时总额）	分配率	分配费用
生产成本	纯巧克力	450		807.53
	牛奶巧克力	400		717.80
	果仁巧克力	350		628.02
	小　计	1 200	1.794 5	2 153.35
	运输车间			869.82
制造费用				1 076.92
销售费用				1 035.50
管理费用				3 789.89
合　计				8 925.48

复核人：陈智勇　　　　制表人：吴美静

业务 14

支行名称：东田支行　　　　　　　　　　　　　　　　　网点号：432640811

广州电子缴费系统回单

扣款日期：2021.09.10
清算日期：2021.09.10

付款人名称：广州市美妍食品有限公司
付款人账号：5566778899
付款人开户银行：建设银行东田支行

收款人名称：国家税务总局广州市越秀区税务局第二税务所
收款人账号：987654321
收款人开户银行：国家金库越秀支库

中国建设银行股份有限公司
东田支行
2021.09.10
办讫章
(03)

款项内容：代扣税款　　　　　　　　电子税票号:0125643183
小写金额：¥23 603.70
大写金额：贰万叁仟陆佰零叁元柒角整
纳税人编码：440107666678888666
纳税人名称：广州市美妍食品有限公司

税　种	所属时期	纳税金额	备　注
增值税	20210801—20210831	¥23 603.70	

经办：　　　复核：　　　打印次数：1　　　打印日期：2021.09.10

支行名称：东田支行　　　　　　　　　　　　　　　　　网点号：432640811

广州电子缴费系统回单

扣款日期：2021.09.10
清算日期：2021.09.10

付款人名称：广州市美妍食品有限公司
付款人账号：5566778899
付款人开户银行：建设银行东田支行

收款人名称：国家税务总局广州市越秀区税务局第二税务所
收款人账号：087654321
收款人开户银行：国家金库越秀支库

中国建设银行股份有限公司
东田支行
2021.09.10
办讫章
(03)

款项内容：代扣税款　　　　　　　　电子税票号:611035277
小写金额：¥3 767.85
大写金额：叁仟柒佰陆拾柒元捌角伍分
纳税人编码：440107666678888666
纳税人名称：广州市美妍食品有限公司

税　种	所属时期	纳税金额	备　注
城市维护建设税	20210801—20210831	¥1 652.26	
教育费附加	20210801—20210831	¥708.11	
个人所得税	20210801—20210831	¥1 407.48	

经办：　　　复核：　　　打印次数：1　　　打印日期：2021.09.10

业务 15

中国建设银行特种转账借方凭证

币种：人民币　　　　　　　　　　　　　　　　　　　　　　　　流水号：8621

付款人	全　称	广州市美妍食品有限公司	收款人	全　称	广东省电信有限公司广州分公司账务中心
	账　号	5566778899		账　号	00997788109
	开户行	建设银行东田支行		开户行	工商银行清河支行
金额	（大写）柒佰伍拾捌元陆角肆分			¥758.64	
用途	代扣电信费			中国建设银行股份有限公司 东田支行 2021.09.11 办讫章 (03) 银行盖章	
备注：					

客户回单

广东增值税专用发票

4400041140　　　　　　　　　　　　　　　　　　　　　　　　　№ 098765432

（全国统一发票监制章 广东 国家税务总局监制）

抵　扣　联　　　　　　　　　　　　　　　　　　开票日期：2021 年 09 月 10 日

购货单位	名　称：广州市美妍食品有限公司 纳税人识别号：440107666678888666 地址、电话：广州市华东路 88 号　020-87654321 开户行及账号：建设银行东田支行　5566778899				密码区	（略）	
货物或应税劳务名称	规格型号	单位	数量	单价	金　额	税率	税　额
电话套餐费	A 套餐	套	1	696.00	696.00	9%	62.64
合　计					¥696.00		¥62.64
价税合计（大写）	⊗柒佰伍拾捌圆陆角肆分				（小写）¥758.64		
销货单位	名　称：中国电信股份有限公司广州市分公司 纳税人识别号：440106748017096669 地址、电话：天河北路 68 号　020-83210989 开户行及账号：工商银行天河东支行　00998877109				备注	中国电信股份有限公司广州市分公司 440106748017096669 发票专用章	

收款人：李明　　　　复核：王晶　　　　开票人：陈洁　　　　销货单位（章）

第二联：抵扣联　购货方扣税凭证

4400041140

广东增值税专用发票

№ 098765432

发 票 联

开票日期：2021 年 09 月 10 日

购货单位	名 称：广州市美妍食品有限公司 纳税人识别号：440107666678888666 地 址、电 话：广州市华东路 88 号 020-87654321 开户行及账号：建设银行东田支行 5566778899				密码区	（略）	
货物或应税劳务名称	规格型号	单位	数量	单价	金 额	税率	税 额
电话套餐费	A 套餐	套	1	696.00	696.00	9%	62.64
合 计					￥696.00		￥62.64
价税合计（大写）	⊗柒佰伍拾捌圆陆角肆分				（小写）￥758.64		
销货单位	名 称：中国电信股份有限公司广州市分公司 纳税人识别号：440106748017096669 地 址、电 话：天河北路 68 号 020-83210989 开户行及账号：工商银行清河支行 00997788109				备注		

第三联：发票联 购货方记账凭证

收款人：李明 复核：王晶 开票人：陈洁 销货单位（章）

业务 16

住房公积金汇缴书

2021 年 9 月 13 日

附变更清册 张

单位名称（公章）	广州市美妍食品有限公司												
单位登记号		资金来源：□财政统发□非财政统发		汇缴 2021 年 09 月份									
汇缴金额（大写）：捌仟陆佰肆拾元整				千	百	十	万	千	百	十	元	角	分
							￥	8	6	4	0	0	0
	上月汇缴	本月增加	本月减少	本月汇缴									
人数	20 人												
金 额													
缴款方式	□支票 ☑ 委托收款 □现金送款簿 □汇款												
票据号码			备注：										
付款银行													
付款账户													

住房公积金分配表

2021 年 9 月

应借账户		分配标准（生产工时总额）	分配率	分配费用
生产成本	纯巧克力	450		393.75
	牛奶巧克力	400		350.00
	果仁巧克力	350		306.25
	小　计	1 200	0.875 0	1 050.00
	运输车间			420.00
制造费用				520.00
销售费用				500.00
管理费用				1 830.00
合　计				4 320.00

复核人：陈智勇　　　　制表人：吴美静

业务 17

广东省国家税务局通用机打发票

发　票　联

（印章：全国统一发票监制章 广东 国家税务总局监制）

发票代码：244011007990
发票号码：005806583

开票日期：2021 年 09 月 13 日　　　　行业：服务业

付款方：广州市美妍食品有限公司
付款方证件号：440107666678888666

收款方：怡罗食品（广东）有限公司
收款方证件号：44010665478912

开票项目说明	单位	数量	单价	金额（元）
商标特许权			30 000.00	30 000.00

合计金额：人民币叁万元整　　　　合计金额（小写）：¥ 30 000.00
附注：

开票人：张白　　　　开票单位（盖章）

（印章：怡罗食品（广东）有限公司 440106654789126663 发票专用章）

中国建设银行 电汇凭证(回　单)　　1　　№ 1020356

委托日期　2021 年 9 月 13 日

汇款人	全　称	广州市美妍食品有限公司			收款人	全　称	怡罗食品(广东)有限公司		
	账　号或住址	5566778899				账　号或住址	3134245363		
	汇　出地　点	广东 省广州市	汇出行名　称	建行东田支行		汇　入地　点	广东省化州市	汇入行名　称	工商银行清河支行
金额	人民币(大写)	叁万元整				千 百 十 万 千 百 十 元 角 分	¥ 3 0 0 0 0 0 0		
汇款用途：货款									
上列款项已根据委托办理，如需查询，请持此回单来行面洽。					中国建设银行股份有限公司东田支行 2021.09.13 办讫章 (05) 汇出行盖章　年　月　日				

单位主管　　会计　　出纳　　记账

此联汇出行给汇款人的回单

业务 18

2367000056

上海增值税专用发票

全国统一发票监制章 上海 国家税务总局监制

№ 04025618

抵　扣　联

开票日期：2021 年 09 月 12 日

购货单位	名　称：广州市美妍食品有限公司 纳税人识别号：440107666678888666 地址、电话：广州市华东路 88 号　020-87654321 开户行及账号：建设银行东田支行　5566778899			密码区	(略)		
货物或应税劳务名称	规格型号	单位	数量	单价	金　额	税率	税　额
可可液块		千克	180	46.00	8 280.00	13%	1 076.40
食用香料		千克	10	81.50	815.00	13%	105.95
坚果		千克	20	45.25	905.00	13%	117.65
合　计					¥10 000.00		¥1 300.00
价税合计(大写)	⊗壹万壹仟叁佰圆整				(小写)¥11 300.00		
销货单位	名　称：上海市美乐食品有限公司 纳税人识别号：310115740664476668 地址、电话：上海市龙华北路 900 号　021-63332225 开户行及账号：中国银行海清支行　2131415161			备注	上海市美乐食品有限公司 310115740664476668 发票专用章		

收款人：张小美　　复核：邢鸿　　开票人：高微微　　销货单位(章)

第二联：抵扣联　购货方扣税凭证

2367000056

上海增值税专用发票

№ 04025618

发 票 联

开票日期：2021 年 09 月 12 日

购货单位	名　　称：广州市美妍食品有限公司 纳税人识别号：440107666678888666 地 址、电 话：广州市华东路 88 号　020-87654321 开户行及账号：建设银行东田支行　5566778899	密码区	（略）

货物或应税劳务名称	规格型号	单位	数量	单价	金　额	税率	税　额
可可液块		千克	180	46.00	8 280.00	13%	1 076.40
食用香料		千克	10	81.50	815.00	13%	105.95
坚果		千克	20	45.25	905.00	13%	117.65
合　　计					¥10 000.00		¥1 300.00
价税合计(大写)	⊗壹万壹仟叁佰圆整				(小写)¥11 300.00		

销货单位	名　　称：上海市美乐食品有限公司 纳税人识别号：310115740664476668 地 址、电 话：上海市龙华北路 900 号　021-63332225 开户行及账号：中国银行海清支行　2131415161	备注	上海市美乐食品有限公司 310115740664476668 发票专用章

收款人：张小美　　复核：邓鸿　　开票人：高微微　　销货单位(章)

第三联：发票联　购货方记账凭证

2367000056

上海增值税专用发票

№ 04025781

抵 扣 联

开票日期：2021 年 09 月 12 日

购货单位	名　　称：广州市美妍食品有限公司 纳税人识别号：440107666678888666 地 址、电 话：广州市华东路 88 号　020-87654321 开户行及账号：建设银行东田支行　5566778899	密码区	（略）

货物或应税劳务名称	规格型号	单位	数量	单价	金　额	税率	税　额
运费		次	1	300.00	300.00	9%	27.00
合　　计					¥300.00		¥27.00
价税合计(大写)	⊗叁佰贰拾柒圆整				(小写)¥327.00		

销货单位	名　　称：上海市顺丰有限公司 纳税人识别号：310115740664476668 地 址、电 话：上海市龙华南路 168 号　021-64232225 开户行及账号：中国银行海清支行　2131416167	备注	上海市顺丰有限公司 310115740664476668 发票专用章

收款人：张美东　　复核：邓飞　　开票人：马小东　　销货单位(章)

第二联：抵扣联　购货方扣税凭证

2367000056

上海增值税专用发票

№ 04025781

发　票　联

开票日期：2021 年 09 月 12 日

购货单位	名　　称：广州市美妍食品有限公司 纳税人识别号：440107666678888666 地 址、电 话：广州市华东路 88 号　020-87654321 开户行及账号：建设银行东田支行　5566778899	密码区	（略）

货物或应税劳务名称		单位	数量	单价	金　额	税率	税　额
运费		次	1	300.00	300.00	9%	27.00
合　　计					¥300.00		¥27.00
价税合计（大写）	⊗叁佰贰拾柒圆整			（小写）¥327.00			

销货单位	名　　称：上海市顺丰有限公司 纳税人识别号：310115740664476668 地 址、电 话：上海市龙华南路 168 号　021-64232225 开户行及账号：中国银行海清支行　2131416167	备注	上海市顺丰有限公司 310115740664476668 发票专用章

收款人：张美东　　复核：邓飞　　开票人：马小东　　销货单位（章）

第三联：发票联　购货方记账凭证

收　料　单

2021 年 9 月 14 日

№：S0902

供应者：上海市美乐食品有限公司　　发票号码：04025618

编号	材料名称	规格	送验数量	实收数量	单位	单价	金额 十	万	千	百	十	元	角	分
	可可液块		180	180	千克									
	食用香料		10	10	千克									
	坚果		20	20	千克									
备注			验收人签章		王婉茜		合计							

会计　　出纳　　复核　　记账　　制单

第三联：记账联

材料采购成本计算表

年 月 日

材料名称	单价	数量	买价	运杂费			采购成本	单位成本
				分配标准	分配率	金额		
合计								

审核： 制单：

按材料买价分配运费

业务 19

差旅费报销单

报销部门：行政部 填报日期：2021 年 9 月 14 日

姓名	李小利	职别		出差事由	行业指导会议					
出差起止日期自 2021 年 9 月 10 日起至 2021 年 9 月 13 日止共 4 天 附单据 6 张										
日期		起讫地点	天数	机票费	车船费	市内交通费	住宿费	出差补助	住宿节约补助	其他（进项税额）	小计
月	日										
		广州—南京	4	2 274.31		80.00	860.00	120.00		247.29	3 581.60
		合计									
总计金额(大写) 零 万 叁 仟 伍 佰 捌 拾 壹 元 陆 角 零 分 预支 ¥2 000.00 补付或收回 ¥1 581.60											

负责人：余力 会计：吴美静 审核：陈智勇 部门主管：张惠婷 出差人：李小利

禄口国际机场旅客班车定额发票

江苏

统一发票监制

国家税务总局监制

发 票 联

264010710225(A)

00096995

金 额：**贰拾元**

客 户：(盖章有效)

开票日期： 2021 年 9 月 10 日

禄口国际机场旅客
班车定额发票
232015324001126664
发票专用章

禄口国际机场旅客班车定额发票

江苏

统一发票监制

国家税务总局监制

发 票 联

264010710225(A)

00104367

金 额：**贰拾元**

客 户：(盖章有效)

开票日期： 2021 年 9 月 10 日

禄口国际机场旅客
班车定额发票
232015324002 6664
发票专用章

广州白云国际机场空港快线运输有限公司定额发票

广东

统一发票监制

国家税务总局监制

发 票 联

机场 ⟷ 花园酒店
广东国际酒店

发票代码 244010711831

发票号码 30594213

人民币金额：**贰拾元** 收款单位：

开票日期：2021 年 9 月 13 日(当次有效)

广州白云国际空港
快线运输有限公司
232015324002 6666
发票专用章

广州白云国际机场空港快线运输有限公司定额发票

发　　票　　联

机场 ⟷ 花园酒店 / 广东国际酒店

发票代码 244010711831

发票号码 50123456

人民币金额：**贰拾元**　　收款单位：

开票日期：2021 年 9 月 13 日(当次有效)

(广州白云国际空港快线运输有限公司 440005324008886666 发票专用章)

航空运输电子客票行程单

国家税务总局监制　ITINERARY/RECEIPTOFE-TICKET FORAIRTRANSPORT

PRINTEDUNDERTHESUPERVISIONOFSAT　　印刷序号：NO 3010291683

旅客姓名 NAME OF PASSENGER 李小利	有效身份证件号码 ID.NO. 440102197605072412					签注 ENDORSEMENTSRESTIONS(CARBON) 不得签转按南航总则执行			
GF7PV	承运人	航班号	座位等级	日期	时间	客票级别/客票类别	客票生效日期	有效截止日期	免费行李
自 FROM 广州 CAN	CZ	3513	P	10SEP	0750	YB30			20 K
至 TO 南京 NKG	CZ	3599	E	13SEP	1635				20 K
至 TO 广州 CAN	票价 CNY 2 170.00		机场建设费 CN 100.00		燃油附加费 YQ 200.00	其他税费	合计 CNY 2 470.00		
电子客票号码 7842419004755	验证码 7898		连续客票				保险费		
销售单位代码：CAN009	填开单位 广州市南方航空经济发展公司					填开日期 2021－09－10			

付款凭证　手写无效

3201091131

江苏增值税专用发票

№ 09876544

（全国统一发票监制章 江苏 国家税务总局监制）

抵　扣　联

开票日期：2021 年 09 月 13 日

购货单位	名　　称：广州市美妍食品有限公司 纳税人识别号：440107666678888666 地 址、电 话：广州市华东路 88 号　020-87654321 开户行及账号：建设银行东田支行　5566778899	密码区	（略）

货物或应税劳务名称	规格型号	单位	数量	单价	金　额	税率	税　额
房费		天	4	215.00	860.00	6%	51.60
合　　计					¥860.00		¥51.60
价税合计（大写）	⊗玖佰壹拾壹圆陆角整				（小写）¥911.60		

销货单位	名　　称：南京斯亚花园酒店 纳税人识别号：320406425885186663 地 址、电 话：南京市兴华路 68 号　025-86754967 开户行及账号：建设银行兴华支行　2232425262	备注	（南京斯亚花园酒店 320406425885186663 发票专用章）

收款人：李明　　复核：王晶　　开票人：陈洁　　销货单位（章）

第二联：抵扣联　购货方扣税凭证

3201091131

江苏增值税专用发票

№ 09876544

（全国统一发票监制章 江苏 国家税务总局监制）

发　票　联

开票日期：2021 年 09 月 13 日

购货单位	名　　称：广州市美妍食品有限公司 纳税人识别号：440107666678888666 地 址、电 话：广州市华东路 88 号　020-87654321 开户行及账号：建设银行东田支行　5566778899	密码区	（略）

货物或应税劳务名称	规格型号	单位	数量	单价	金　额	税率	税　额
房费		天	4	215.00	860.00	6%	51.60
合　　计					¥860.00		¥51.60
价税合计（大写）	⊗玖佰壹拾壹圆陆角整				（小写）¥911.60		

销货单位	名　　称：南京斯亚花园酒店 纳税人识别号：320406425885186663 地 址、电 话：南京市兴华路 68 号　025-86754967 开户行及账号：建设银行兴华支行　2232425262	备注	（南京斯亚花园酒店 320406425885186663 发票专用章）

收款人：李明　　复核：王晶　　开票人：陈洁　　销货单位（章）

第三联：发票联　购货方记账凭证

现金支出证明单

年　　月　　日　　　　　　　　　　　　　　　　第　　号

明细科目	摘　　要	金额：十	万	千	百	十	元	角	分	备注
										经手用款人盖　章
合计金额	拾　万　仟　佰　拾　元　角　分									

负责人　　　会计　　　复核　　　出纳　　　记账　　　制票

此单代现金付出传票用

业务 20

3201091131

江苏增值税专用发票

№ 07542865

抵　扣　联

开票日期：2021 年 09 月 14 日

购货单位	名　　称：广州市美妍食品有限公司 纳税人识别号：440107666678888666 地 址、电 话：广州市华东路 88 号　020-87654321 开户行及账号：建设银行东田支行　5566778899					密码区	（略）	
货物或应税劳务名称	规格型号	单位	数量	单价	金　额	税率	税　额	
精磨机	JJMJ40	台	1	20 000.00	20 000.00	13%	2 600.00	
合　　计					¥20 000.00		¥2 600.00	
价税合计（大写）	⊗贰万贰仟陆佰圆整				（小写）¥22 600.00			
销货单位	名　　称：江苏省盐力机械有限公司 纳税人识别号：320107663783916665 地 址、电 话：江苏省盐城市沿河西路 76 号　0515-8904332 开户行及账号：中国银行沿河支行　4652328799					备注	江苏省盐力机械有限公司 320107663783916665 发票专用章	

收款人：翁雪君　　　复核：谭洁　　　开票人：刘若青　　　销货单位（章）

第二联：抵扣联　购货方扣税凭证

3201091131

江苏增值税专用发票

No 07542865

发　票　联

开票日期：2021 年 09 月 14 日

购货单位	名　　　称：广州市美妍食品有限公司 纳税人识别号：440107666678888666 地 址、电 话：广州市华东路 88 号　020-87654321 开户行及账号：建设银行东田支行　5566778899				密码区	（略）	
货物或应税劳务名称	规格型号	单位	数量	单价	金　额	税率	税　额
精磨机	JJMJ40	台	1	20 000.00	20 000.00	13%	2 600.00
合　　计					¥20 000.00		¥2 600.00
价税合计（大写）	⊗贰万贰仟陆佰圆整			（小写）¥22 600.00			
销货单位	名　　　称：江苏省盐力机械有限公司 纳税人识别号：320107663783916665 地 址、电 话：江苏省盐城市沿河西路 76 号　0515-8904332 开户行及账号：中国银行沿河支行　4652328799				备注	江苏省盐力机械有限公司 320107663783916665 发票专用章	

收款人：翁雪君　　　复核：谭洁　　　开票人：刘若青　　　销货单位（章）

第三联：发票联　购货方记账凭证

商业承兑汇票（存　根）　3

出票日期（大写）　贰零贰壹年玖月壹拾陆日　　　汇票号码

付款人	全　称	广州市美妍食品有限公司	收款人	全　称	江苏省盐力机械有限公司
	账　号	5566778899		账　号	4652328799
	开户银行	中国建设银行广州市东田支行		开户银行	中国银行沿河支行
出票金额		人民币（大写）贰万贰仟陆佰元整		亿千百十万千百十元角分	¥2260000
汇票到期日（大写）		贰零贰壹年壹拾贰月壹拾陆日	付款人开户行	行号	010735
交易合同号码		05326		地址	广州市华东路 88 号
备注：					

设备固定资产验收单

设备编号：

2021 年 9 月 14 日　　　　入账时间：9 月 14 日

领用单位号		科室名称	食品加工车间	分类号		
设备名称	精磨机				国别	
型号	JJMJ40		技术指标			
数量	1 台	单价	¥20 000.00	总价	¥20 000.00	
厂家	江苏省盐力机械有限公司				使用方向	
验收合格日期	2021.9.14	出厂日期	2021.8.14	出厂号		
经费科目		单据号		备注		

领用人　周碧云　　　　验收人　赵刚　　　　经手人　李倩裕

第二联：财务部门存查

业务 21

托收凭证　（付款通知）　5

委托日期 2021 年 9 月 17 日

付款期限　　年　　月　　日

付款人	全称	广州市美妍食品有限公司		收款人	全称	上海市美乐食品有限公司	
	账号	5566778899			账号	2131415161	
	地址	广东省广州市　开户行	建行东田支行		地址	/省上海市　开户行	中行海清支行
金额	人民币（大写）捌仟柒佰玖拾元整					亿 千 百 十 万 千 百 十 元 角 分	¥ 8 7 9 0 0 0
款项内容	货款	托收凭据名称		附寄单证张数			
商品发运情况	已发运	合同名称号码					
备注： 复核　　记账		款项收妥日期 年　月　日		收款人开户银行签章 年　月　日			

中国建设银行股份有限公司东田支行 2021.09.17 办讫章 (03)

此联付款人开户银行给付款人按期付款通知

业务 22

领　料　单

材料科目：原材料　　　　2021 年 9 月 18 日　　　　№：L0910

领料部门：生产车间				领料用途：纯巧克力										
编号	材料名称	规格	单位	请领数量	实发数量	单价	金额							
							十	万	千	百	十	元	角	分
	可可液块		千克	60	60									
	白砂糖		千克	4	4									
	乳化剂		千克	3	3									
备注					合　计									

第三联：记账联

发料　王婉茜　　　　领料　蓝丽红　　　　制单

领　料　单

材料科目：原材料　　　　2021 年 9 月 18 日　　　　№：L0911

领料部门：生产车间				领料用途：牛奶巧克力										
编号	材料名称	规格	单位	请领数量	实发数量	单价	金额							
							十	万	千	百	十	元	角	分
	可可液块		千克	20	20									
	白砂糖		千克	3	3									
	奶　粉		千克	20	20									
	乳化剂		千克	3	3									
备注					合　计									

第三联：记账联

发料　王婉茜　　　　领料　蓝丽红　　　　制单

领　料　单

材料科目：原材料　　2021 年 9 月 18 日　　No：L0912

领料部门：生产车间				领料用途：牛奶巧克力											
编号	材料名称	规格	单位	请领数量	实发数量	单价	金额								
							十	万	千	百	十	元	角	分	
	食用香料		千克	3	3										
备注					合　计										

第三联：记账联

发料　王婉苗　　领料　蓝丽红　　制单

领　料　单

材料科目：原材料　　2021 年 9 月 18 日　　No：L0913

领料部门：生产车间				领料用途：果仁巧克力											
编号	材料名称	规格	单位	请领数量	实发数量	单价	金额								
							十	万	千	百	十	元	角	分	
	可可液块		千克	20	20										
	白砂糖		千克	3	3										
	乳化剂		千克	4	4										
	食用香料		千克	5	5										
备注					合　计										

第三联：记账联

发料　王婉苗　　领料　蓝丽红　　制单

领　料　单

材料科目：原材料　　　　2021 年 9 月 18 日　　　　No：L0914

领料部门：生产车间　　　　领料用途：果仁巧克力

编号	材料名称	规格	单位	请领数量	实发数量	单价	金额 十	万	千	百	十	元	角	分
	坚果		千克	10	10									
备注					合计									

第三联：记账联

发料　王婉茜　　　　领料　蓝丽红　　　　制单

业务 23

4400041140

广东增值税专用发票

抵　扣　联

No 006075436

开票日期：2021 年 09 月 19 日

购货单位	名称：广州市美妍食品有限公司 纳税人识别号：440107666678888666 地址、电话：广州市华东路 88 号　020-87654321 开户行及账号：建设银行东田支行　5566778899	密码区	（略）				
货物或应税劳务名称	规格型号	单位	数量	单价	金额	税率	税额
计算器		台	8	40.00	320.00	13%	41.60
账簿		本	5	12.00	60.00	13%	7.80
合计					¥380.00		¥49.40
价税合计（大写）	⊗肆佰贰拾玖圆肆角整			（小写）¥429.40			
销货单位	名称：广州市广百股份有限公司 纳税人识别号：440104190422786661 地址、电话：广州市淘金北路 76 号　020-8904332 开户行及账号：中国银行淘金支行　4652328799	备注	广州市广百股份有限公司 440104190422786661 发票专用章				

第二联：抵扣联　购货方扣税凭证

收款人：翁雪君　　　　复核：谭洁　　　　开票人：刘若青　　　　销货单位（章）

4400041140

广东增值税专用发票

发 票 联

№ 006075436

开票日期：2021 年 09 月 19 日

购货单位	名　　称：广州市美妍食品有限公司 纳税人识别号：440107666678888666 地 址、电 话：广州市华东路 88 号　020-87654321 开户行及账号：建设银行东田支行　5566778899	密码区	（略）

货物或应税劳务名称	规格型号	单位	数量	单价	金　额	税率	税　额
计算器		台	8	40.00	320.00	13%	41.60
账簿		本	5	12.00	60.00	13%	7.80
合　　计					¥380.00		¥49.40
价税合计（大写）	⊗肆佰贰拾玖圆肆角整				（小写）¥429.40		

销货单位	名　　称：广州市广百股份有限公司 纳税人识别号：440104190422786661 地 址、电 话：广州市淘金北路 76 号　020-8904332 开户行及账号：中国银行淘金支行　4652328799	备注	广州市广百股份有限公司 440104190422786661 发票专用章

收款人：翁雪君　　复核：谭洁　　开票人：刘若青　　销货单位（章）

第三联：发票联 购货方记账凭证

费用报销单

报销部门：财务部　　2021 年 9 月 19 日　　单据及附件共 1 张

报销项目	摘　要	百	十	万	千	百	十	元	角	分	备注	
	购买办公用品					4	2	9	4	0		
	现金付讫										领导审批	同意报销 余力 2021.9.19
合　计					¥	4	2	9	4	0		
金额大写：零万零仟肆佰贰拾玖元肆角零分		原借款：/ 元									应退（补）款：/ 元	

会计主管：陈智勇　　复核：　　出纳：吴美静　　报销人：黄勇凌

业务 24

成品入库单

生产车间交　　　　2021 年 9 月 20 日　　　　№ 100902

成品名称	规　格	单　位	入库数量	备　注
纯巧克力		盒	680	
牛奶巧克力		盒	400	

第三联：记账联

记账：　　　验收人：王婉茜　　　制单：王婉茜

业务 25

中国建设银行(计算)利息清单

币别：人民币　　　　2021 年 09 月 20 日　　　　流水号

计息项目	起息日	结息日	本金	(月)利率	利息
贷款	2021.08.21	2021.09.20	222 000	4.5‰	999.00
合计(大写)	玖佰玖拾玖元整				¥999.00
上列贷款利息,已从你单位 5566778899 存款户中支付					

中国建设银行股份有限公司
东田支行
2021.09.20
办讫章
(02)

业务 26

成品出库单

仓库：成品仓　　　　2021 年 9 月 21 日　　　　№ 20100902

编号	成品名称	单位	规格	数量	单价	金额									附注
						百	千	万	千	百	十	元	角	分	
	纯巧克力	盒		1 500											
	牛奶巧克力	盒		1 600											
	果仁巧克力	盒		800											
合　计															

第三联：记账联

部门主管：　　会计：　　记账：　　发货人：王婉茜　　提货人：林佳玲　　制单：

托收凭证 （受理回单）　1

委托日期　2021 年 9 月 21 日

业务类型	委托收款（□邮划、□电划）　托收承付（□邮划、□电划）						
付款人	全称	太原市新好有限公司		收款人	全称	广州市美妍食品有限公司	
	账号	8877665500			账号	5566778899	
	地址	山西省太原市	开户行　工行迎海支行		地址	广东省广州市	开户行　建行东田支行
金额	人民币（大写）	叁拾肆万贰仟陆佰壹拾陆元整				亿 千 百 十 万 千 百 十 元 角 分	¥ 3 4 2 6 1 6 0 0
款项内容	货　款	托收凭据名　称		附寄单证张数			
商品发运情况		已发运		合同名称号码			
备注： 复核　　记账		款项收妥日期 年　月　日			收款人开户银行签章 年　月　日		

中国建设银行股份有限公司 东田支行 2021.09.21 办讫章 (03)

此联作收款人开户银行给收款人的受理回单

4400041140　　**广东增值税专用发票**　　№ 80140555

全国统一发票监制章 广东 国家税务总局监制

此联不作报销、扣税凭证使用　　开票日期：　年　月　日

购货单位	名　　称： 纳税人识别号： 地 址、电 话： 开户行及账号：				密码区	（略）	
货物或应税劳务名称	规格型号	单位	数量	单价	金　额	税率	税　额
合　计							
价税合计（大写）					（小写）		
销货单位	名　　称： 纳税人识别号： 地 址、电 话： 开户行及账号：				备注		

收款人：　　复核：　　开票人：　　销货单位：（章）

第一联：记账联　销货方记账凭证

业务27

费用报销单

报销部门：财务部　　　　2021年9月22日　　　　单据及附件共/张

报销项目	摘要	金额 百	十	万	千	百	十	元	角	分	备注	
	慰问金					2	0	0	0	0		
											领导审批	同意报销 余力 2021.9.22
	现金付讫											
合计					¥	2	0	0	0	0		
金额大写：零万零仟贰佰零拾零元零角零分		原借款：/　元										应退(补)款：/ 元

会计主管：陈智勇　　复核：　　出纳：吴美静　　报销人：张惠婷

业务28

广东省国家税务局通用机打发票

发票联

（印章：全国统一发票监制章　广东　国家税务总局监制）

发票代码：244011007990

发票号码：005806583

开票日期：2021年09月23日　　　　行业：服务业

付款方：广州市美妍食品有限公司
付款方证件号：440107666678888666

收款方：南方人才市场
收款方证件号：44010665478912663

开票项目说明	单位	数量	单价	金额(元)
招聘服务费			800.00	800.00

合计金额：人民币捌佰圆整　　　　合计金额(小写)：¥800.00

附注：

开票人：张白　　　　开票单位(盖章)

（印章：南方人才市场　440106654789126663　发票专用章）

款项签发支票支付

业务 29

支行名称：东田支行　　　　网点号：440435210

广州电子缴费系统回单

扣款日期：2021.09.24
清算日期：2021.09.24

付款人名称：广州市美妍食品有限公司
付款人账号：5566778899
付款人开户银行：中国建设银行广州东田支行

收款人名称：国家税务总局广州市越秀区税务局第二税务所
收款人账号：3602001022001485123
收款人开户银行：国家金库越秀支库

款项内容：购发票　　　　电子税票号:06743278
小写金额：￥50
大写金额：伍拾元整
纳税人编码：440107666678888666
纳税人名称：广州市美妍食品有限公司

中国建设银行股份有限公司
东田支行
2021.09.24
办讫章
(03)

税　种	所属期	纳税金额	备　注
税务行政性收费	2021.09.24	￥50.00	购发票

经办：　　复核：　　打印次数：1　　打印日期：2021.09.24

业务 30

4400041140

广东增值税专用发票

全国统一发票监制章
广东省深圳市
国家税务总局监制

抵扣联

№ 09876550

开票日期:2021 年 09 月 24 日

购货单位	名　称：广州市美妍食品有限公司 纳税人识别号：440107666678888666 地址、电话：广州市华东路 88 号　020-87654321 开户行及账号：建设银行东田支行　5566778899	密码区	（略）

货物或应税劳务名称	规格型号	单位	数量	单价	金　额	税率	税　额
白砂糖		千克	50	5.30	265.00	13%	34.45
食用香料		千克	20	88.00	1 760.00	13%	228.80
乳化剂		千克	13	14.30	185.90	13%	24.17
合　计					￥2 210.90		￥287.42
价税合计(大写)	⊗贰仟肆佰玖拾捌圆叁角贰分				(小写)￥2 498.32		

销货单位	名　称：深圳市汇源食品有限公司 纳税人识别号：440208654306646664 地址、电话：华强路 54 号　87655442 开户行及账号：工商银行泰安支行　3134245363	备注	深圳市汇源食品有限公司 440208654306646664 发票专用章

收款人：许丽　　复核：徐敏　　开票人：林晓梅　　销货单位(章)

第二联：抵扣联　购货方扣税凭证

4400041140

广东增值税专用发票

发票联

No 09876550

开票日期：2021 年 09 月 24 日

购货单位	名　　称：广州市美妍食品有限公司 纳税人识别号：440107666678888666 地 址、电 话：广州市华东路 88 号　020-87654321 开户行及账号：建设银行东田支行　5566778899			密码区	（略）		
货物或应税劳务名称	规格型号	单位	数量	单价	金　额	税率	税　额
白砂糖		千克	50	5.30	265.00	13%	34.45
食用香料		千克	20	88.00	1 760.00	13%	228.80
乳化剂		千克	13	14.30	185.90	13%	24.17
合　　计					¥2 210.90		¥287.42
价税合计（大写）	⊗贰仟肆佰玖拾捌圆叁角贰分				（小写）¥2 498.32		
销货单位	名　　称：深圳市汇源食品有限公司 纳税人识别号：440208654306646664 地 址、电 话：华强路 54 号　87655442 开户行及账号：工商银行泰安支行　3134245363			备注	深圳市汇源食品有限公司 440208654306646664 发票专用章		

收款人：许丽　　复核：徐敏　　开票人：林晓梅　　销货单位（章）

第三联：发票联　购货方记账凭证

中国建设银行 电汇凭证（回　单）　1

No 1043969

委托日期　2021 年 09 月 25 日

汇款人	全　称	广州市美妍食品有限公司	收款人	全　称	深圳市汇源食品有限公司									
	账　号	5566778899		账　号	3134245363									
	汇出地点	广东省广州市		汇入地点	广东省深圳市									
汇出行名称		建设银行广州东田支行	汇入行名称		中国工商银行泰安支行									
金额	人民币（大写）	贰仟肆佰玖拾捌元叁角贰分	亿	千	百	十	万	千	百	十	元	角	分	
							¥	2	4	9	8	3	2	
汇款用途：货款														
上列款项已根据委托办理，如需查询，请持此回单来行面洽。			中国建设银行股份有限公司 广州东田支行 2021.09.25 办讫章 (06)　汇出行盖章　年　月　日											

此联汇出行给汇款人的回单

中国建设银行对公客户付款通知

回单凭证

交易日期:20210925 业务流水号:CTIS2015090349226123 56-16 交易种类:0043 收费

付款行行号:10014 收款行行号:
付款行名称:中国建设银行广州市东田支行 收款行名称:
付款行账号:5566778899 收款行账号:
付款人全称:广州市美妍食品有限公司 收款人全称:

记账账号: 入账日期:
金额:13.00 币种:人民币
大写金额:壹拾叁元整

钞汇性质:

汇款附言:
备注:
摘要:电子汇划手续费
经办:8756301 交易机构:15393
打印时间:2021 年 09 月 25 日 10:06:00

中国建设银行股份有限公司 广州东田支行 2021.09.25 办讫章 (06)

业务 31

广东省国家税务局通用机打发票

全国统一发票监制章 广东 国家税务总局监制

发票联

发票代码:244011007990
发票号码:005806583

开票日期:2021 年 09 月 23 日 行业:服务业

付款方:广州市美妍食品有限公司
付款方证件号:440107666678888666

收款方:女友杂志社
收款方证件号:440106716373056666

开票项目说明	单位	数量	单价	金额(元)
广告费			52 000.00	52 000.00

合计金额:人民币伍万贰仟元整 合计金额(小写):¥52 000.00
附注:

开票人:张白 开票单位(盖章)

女友杂志社 440106716373056666 发票专用章

款项签发支票支付

业务 32

浙江省公益事业捐赠票据(电子)

票据代码：33050120　　　　票据号码：1127179130

交款人统一社会信用代码：　　　　校验码：286177

交款人：广州市美妍食品有限公司　　　　开票日期：2021 年 09 月 27 日

项目编码	项目名称	单位	数量	标准	金额(元)	备注
52700033	定向公益捐赠/捐赠收入(定向)	元	1	50 000.00	50 000.00	捡回珍珠计划
金额合计(大写)	伍万元整		(小写)50 000.00			
其他信息	收款方式:微信　订单编号:15887027512020070111000l6982　缴款日期:20210927 浙江财政电子票据查验:https//dzpjzjzw/wgo/cn					

收款单位(章):浙江省新华爱心教育基金会　　复核人:沈越华　　收款人:马慧芳

业务 33

广东增值税电子普通发票

4402012345　　　　№ 09876558

开票日期:2021 年 09 月 24 日

购货单位	名　　称:广州市美妍食品有限公司 纳税人识别号:440107666678888666 地 址、电 话: 开户行及账号:			密码区	(略)		
货物或应税劳务名称	车牌号	类型	通行日起	通行日起	金　额	税率	税　额
*预付卡销售*ETC 卡充值费	粤 B013Y1				553.00	不征税	***
合　　计					¥553.00		***
价税合计(大写)	⊗伍佰伍拾叁圆整			(小写)¥553.00			
销货单位	名　　称:广东通行宝智慧交通科技有限公司 纳税人识别号:440208654306646664 地 址、电 话:广州华强路 54 号　87655442 开户行及账号:建设银行流花支行　8447966884			备注			

收款人:许丽　　复核:徐敏　　开票人:林晓梅　　销货单位(章)

中国建设银行特种转账借方凭证

币种：人民币　　　　　　　　　　　　　　　　流水号：3547

付款人	全　称	广州市美妍食品有限公司	收款人	全　称	广东通行宝智慧交通科技有限公司
	账　号	5566778899		账　号	8447966884
	开户行	建设银行东田支行		开户行	建设银行流花支行
金额	(大写)伍佰伍拾叁元整			¥553.00	
用途	代收路桥费		中国建设银行股份有限公司东田支行 2021.09.28 办讫章 (02)		
备注：			银行盖章		

客户回单

中国建设银行特种转账借方凭证

币种：人民币　　　　　　　　　　　　　　　　流水号：4812

付款人	全　称	广州市美妍食品有限公司	收款人	全　称	广州联兴加油站有限公司
	账　号	5566778899		账　号	68470050126
	开户行	建设银行东田支行		开户行	中国银行滨江路支行
金额	(大写)壹仟捌佰陆拾贰元玖角肆分			¥1 862.94	
用途	汽油费		中国建设银行股份有限公司东田支行 2021.09.28 办讫章 (02)		
备注：			银行盖章		

客户回单

4402012345

广东增值税普通发票

No 03817253

发 票 联

开票日期：2021 年 09 月 27 日

购货单位	名 称：广州市美妍食品有限公司 纳税人登记号：5566778899 地 址、电 话： 开户行及账号：					密码区	（略）
货物或应税劳务名称	规格型号	单位	数量	单价	金 额	税率	税 额
93 号车用汽油	93 号	升	241.50	6.65	1 648.62	13%	214.32
合 计					¥1 648.62		¥214.32
价税合计(大写)	⊗壹仟捌佰陆拾贰圆玖角肆分				（小写）¥1 862.94		
销货单位	名 称：广州联兴加油站有限公司 纳税人登记号：440185718152216668 地 址、电 话：滨江路 55 号 34060076 开户行及账号：中国银行滨江路支行 68470050126					备注	广州联兴加油站有限公司 440185718152216668 发票专用章

第二联：发票联 购货方记账凭证

收款人：何嘉惠　　复核：李红　　收款人：赵敏锐　　开票单位：

业务 34

成品出库单

仓库：成品仓　　2021 年 9 月 29 日　　No：C0903

编号	成品名称	单位	规格	数量	单价	金额									附注
						百	千	万	千	百	十	元	角	分	
	纯巧克力	盒		500											
合 计															

第三联：记账联

部门主管：　　会计：　　记账：　　发货人：王婉茜　　提货人：林佳玲　　制单：

中国建设银行 支票 02345696

45678012

本支票付款期限十天

出票日期（大写） 贰零贰壹年 玖月贰拾玖日　　付款行名称：建设银行建安支行

收款人：广州市美妍食品有限公司　　出票人账号：7766554400

人民币（大写）	亿	千	百	十	万	千	百	十	元	角	分
肆万玖仟柒佰贰拾元整				¥	4	9	7	2	0	0	0

用途 货款

上列款项请从
我账户内支付
出票人签章

广州市可可零食屋财务专用章　　张悦丽印

密码________
行号________
复核　　记账

中国建设银行 进账单 （回单） 1

年　月　日

付款人	全称		收款人	全称	
	账号			账号	
	开户银行			开户银行	

金额	人民币（大写）	亿	千	百	十	万	千	百	十	元	角	分

票据种类		票据张数	
票据号码			

复核　　记账

此联是开户银行交给持（出）票人的回单

<table>
<tr><td colspan="21">附加信息：</td><td rowspan="3">被背书人

背书人签章
年　　月　　日</td></tr>
<tr><td colspan="12">身份证件名称：</td><td colspan="9">发证机关：</td></tr>
<tr><td>号码</td><td></td><td></td><td></td><td></td><td></td><td></td><td></td><td></td><td></td><td></td><td></td><td></td><td></td><td></td><td></td><td></td><td></td><td></td><td></td><td></td></tr>
</table>

（贴粘单处）

4402012345

广东增值税普通发票

No 08415566

此联不作报销、扣税凭证使用　　开票日期：　年　月　日

第一联：记账联　销货方记账凭证

购货单位	名称： 纳税人识别号： 地址、电话： 开户行及账号：				密码区	（略）	
货物或应税劳务名称	规格型号	单位	数量	单价	金额	税率	税额
合计							
价税合计（大写）			（小写）				
销货单位	名称： 纳税人识别号： 地址、电话： 开户行及账号：				备注		

收款人：　　复核：　　开票人：　　销货单位：（章）

业务 35

4400041140

广东增值税专用发票

No 09876549

抵扣联　　开票日期：2021 年 09 月 29 日

第二联：抵扣联　购货方扣税凭证

购货单位	名称：广州市美妍食品有限公司 纳税人识别号：440107666678888666 地址、电话：广州市华东路 88 号　020-87654321 开户行及账号：建设银行东田支行　5566778899				密码区	（略）	
货物或应税劳务名称	规格型号	单位	数量	单价	金额	税率	税额
《财经》合订本		本	1	180.00	180.00	6%	10.80
合计					¥180.00		¥10.80
价税合计（大写）	⊗壹佰玖拾圆捌角整			（小写）¥190.80			
销货单位	名称：广东南方报业传媒集团有限公司 纳税人识别号：440102190325736667 地址、电话：广州市兴华路 68 号　020-68754967 开户行及账号：建设银行白云支行　2232425262				备注	广东南方报业传媒集团有限公司 440102190325736667 发票专用章	

收款人：樊博　　复核：王晶　　开票人：徐丹萍　　销货单位（章）

4400041140 **广东增值税专用发票** №09876549

发 票 联

开票日期：2021年09月29日

购货单位	名 称：广州市美妍食品有限公司 纳税人识别号：440107666678888666 地 址、电 话：广州市华东路88号 020-87654321 开户行及账号：建设银行东田支行 5566778899			密码区	（略）		
货物或应税劳务名称	规格型号	单位	数量	单价	金 额	税率	税 额
《财经》合订本		本	1	180.00	180.00	6%	10.80
合 计					¥180.00		¥10.80
价税合计（大写）	⊗壹佰玖拾圆捌角整				（小写）¥190.80		
销货单位	名 称：广东南方报业传媒集团有限公司 纳税人识别号：440102190325736667 地 址、电 话：广州市兴华路68号 020-68754967 开户行及账号：建设银行白云支行 2232425262			备注			

现金付讫

收款人：樊博 复核：王晶 开票人：徐丹萍 销货单位（章）

第三联：发票联 购货方记账凭证

印章：统一发票监制 广东 国家税务局监制

印章：广东南方报业传媒集团有限公司 440102190325736667 发票专用章

业务36

中国建设银行（计算）利息清单

币别：人民币 2021年09月30日 流水号

计息项目	起息日	结息日	本金	（年）利率	利息
贷款	2021.09.01	2021.09.30	100 000.00	7.8%	650.00
合计（大写）	陆佰伍拾元整				¥650.00
上列贷款利息，已从你单位5566778899存款户中支付					

印章：中国建设银行股份有限公司 东田支行 2021.09.30 办讫章 (02)

业务 37

费用报销单

报销部门：销售部　　　　2021 年 9 月 30 日　　　　单据及附件共 1 张

报销项目	摘要	百	十	万	千	百	十	元	角	分	备注	
	招待客户				1	5	8	0	0	0		
	现金付讫										领导审批	同意报销 余力 2021.9.30
合计				¥	1	5	8	0	0	0		
金额大写：零万壹仟伍佰捌拾零元零角零分		原借款：/ 元									应退(补)款：/ 元	

会计主管：陈智勇　　复核：　　出纳：吴美静　　报销人：陈露露

4402012345

广东增值税普通发票

№ 09876549

发　票　联

开票日期：2021 年 09 月 30 日

购货单位	名　　称：广州市美妍食品有限公司 纳税人识别号：440107666678888666 地 址、电 话： 开户行及账号：				密码区	(略)	
货物或应税劳务名称	规格型号	单位	数量	单价	金额	税率	税额
餐饮费		次	1	1 490.57	1 490.57	6%	89.43
合　　计					¥1 490.57		¥89.43
价税合计(大写)	⊗壹仟伍佰捌拾圆整				(小写)¥1 580.00		
销货单位	名　　称：广州市境丰公司唐苑酒家 纳税人识别号：440106714254556665 地 址、电 话：广州市兴华路 68 号　020-68754967 开户行及账号：建设银行白云支行　2232425262				备注	广州市境丰公司唐苑酒家 440106714254556665 发票专用章	

第二联：发票联　购货方记账凭证

收款人：刘靖　　复核：唐雪　　开票人：徐丹红　　销货单位(章)

业务 38

成品入库单

生产车间交　　　　2021 年 9 月 30 日　　　　No：R0903

成品名称	规　格	单　位	入库数量	备　注
牛奶巧克力		盒	500	
果仁巧克力		盒	700	

第三联：记账联

记账：　　　　验收人：王婉茜　　　　制单：王婉茜

业务 39

发出材料成本计算表

年 月 日

材料分类	材料名称	期初结存		本期购进		加权平均单价	本期发出		期末结存	
		数量	金额	数量	金额		数量	金额	数量	金额
原材料	可可液块									
	奶粉									
	白砂糖									
	乳化剂									
	食用香料									
	坚果									
周转材料	包装盒									
	故障警示牌									
	棉纱手套									
合计										

复核人： 制表人：

发出材料汇总表

年 月 日　　领料单 号至 号共 张

材料名称	单 价	基本生产车间						辅助生产车间		合计
		纯巧克力		牛奶巧克力		果仁巧克力		运输车间		
		数 量	金 额	数 量	金 额	数 量	金 额	数 量	金 额	
可可液块										
奶粉										
白砂糖										
乳化剂										
食用香料										
坚果										
包装盒										
橡胶管										
棉纱手套										
合 计										

复核人：　　制表人：

业务 40

外购动力分配表

2021 年 9 月 30 日

用途、部门		分配标准(工时)	分配率	分配金额(元)
动力用电	纯巧克力	450		10 800.00
	牛奶巧克力	400		9 600.00
	果仁巧克力	350		8 400.00
	小　计	1 200	24.00	28 800.00
运输车间				6 400.00
照明用电	生产车间			2 400.00
	行政部门			1 000.00
	销售部门			600.00
合　　计				39 200.00

复核人：陈智勇　　　　制表人：吴美静

业务 41

水费计算表

2021 年 9 月 30 日

车间、部门	分配标准(吨)	分配率	分配金额(元)
基本生产车间	1 200		2 400.00
运输车间	75		150.00
销售部门	30		60.00
行政管理部门	195		390.00
合　计	1 500	2.00	3 000.00

复核人：陈智勇　　　　制表人：吴美静

业务 42

工资分配汇总表

年 月 日

应 借 账 户		分配标准（生产工时总额）	分配率	分配费用
生产成本	纯巧克力			
	牛奶巧克力			
	果仁巧克力			
	小 计			
	运输车间			
制造费用				
销售费用				
管理费用				
合 计				

复核人： 制表人：

业务 43

固定资产折旧计算表

年 月 日

车间、部门	房屋及建筑物（0.8%）		机器设备（1.6%）		运输设备（1.6%）		其他设备（3%）		合计
	原值	折旧额	原值	折旧额	原值	折旧额	原值	折旧额	折旧额
基本生产车间	300 000		620 000				20 000		
运输车间					200 000				
销售部门							10 000		
行政管理部门	200 000						20 000		
合 计	500 000		620 000		200 000		50 000		

复核人：陈智勇 制表人：吴美静

业务 44

无形资产摊销计算表

年　　月　　日

项　目	取得时间	原　值	摊销年限	月摊销额	累计摊销额
合计					
备注	无形资产的摊销采用直线法				

复核人：　　　　　　　　　　　　　　　　制表人：

业务 45

辅助生产费用分配表

年　　月　　日

部　　门	劳务量(里程)	分 配 率	分配金额
基本生产车间	2 600		
管理部门	600		
销售部门	1 378		
合　计	4 578		

复核人：　　　　　　　　　　　　　　　　制表人：

业务 46

制造费用分配表

年　　月　　日

产　　品	分配标准(生产工时)	分 配 率	分配金额
纯巧克力			
牛奶巧克力			
果仁巧克力			
合　　计			

复核人：　　　　　　　　　　　　　　　　制表人：

业务 47

完工产品成本汇总计算表

年　月　日　　　　入库单　　号至　号共　　张

成本项目	纯巧克力（　盒）	牛奶巧克力（　盒）	果仁巧克力（　盒）
直接材料			
直接人工			
制造费用			
总成本			
单位成本			

复核人：　　　　　　　　　　　　　　制表人：

业务 48

已销产品成本计算表

年　月　日　　　　出库单　　号至　　号共　　张

产品名称	期初结存		本期完工入库		加权平均单价	本期销售		期末结存	
	数量	金额	数量	金额		数量	金额	数量	金额
合计									

复核人：　　　　　　　　　　　　　　制表人：

业务 49

税 费 计 算 表

年　　月　　日

税(费)种	计税基数	税(费)率	应纳税(费)额
城市维护建设税			
教育费附加			
合　计			

复核人：　　　　　　　　　　　　　　　　　　　　　　制表人：

业务 50

损益类账户净发生额

年　　月　　日

账户名称	本月份净发生额
主营业收入	
主营业务成本	
税金及附加	
销售费用	
管理费用	
财务费用	
营业外支出	

复核人：　　　　　　　　　　　　　　　　　　　　　　制表人：

业务 51

税 费 计 算 表

年　　月　　日

税(费)种	计税基数	税(费)率	应纳税(费)额
企业所得税			
合　计			

复核人：　　　　　　　　　　　　　　　　制表人：

附：增值税抵扣联封面

年　月份申请扣税凭证封面

纳税人名称：(盖章)　　　　　　　　　　　　　　本册编号：

扣税单证种类：

本册扣税凭证份数合计：

填报人：　　　　　　填报日期：　年　月　日　　　　　　金额单位：元至角分

项目	13%税率	9%税率	6%税率	3%简易征收率	收购或购进农产品	收购废旧物资	小计
不含税金额							
税额							
份数							

接收人：　　　　　　　　　　　　　　　　审核人：

接收日期：　　　　　　　　　　　　　　　审核日期：

中国建设银行 China Construction Bank

对账单 A/C Statement

户名 Name 广州市美妍食品有限公司

账户 A/C Number 5566778899 币种 Currency 人民币 月份 Month 9 页码 Page 1

日 期	凭证种类	凭证号码	摘 要	借 方	贷 方	余 额
2021/09/01			材料款	20 756.97		786 686.39
2021/09/01			货款		100 000.00	886 686.39
2021/09/03			电费	36 160.00		850 526.39
2021/09/03			水费	2 725.00		847 801.39
2021/09/05			备用金	6 000.00		841 801.39
2021/09/09			社保费	13 288.68		828 512.71
2021/09/09			工资	47 826.10		780 686.61
2021/09/09			税费	23 603.70		757 082.91
2021/09/10			税费	3 767.85		753 315.06
2021/09/10			货款		282 952.00	1 036 267.06
2021/09/11			电话费	758.64		1 035 508.42
2021/09/13			特许权	30 000.00		1 005 508.42
2021/09/13			住房公积金	8 640.00		996 868.42
2021/09/17			货款	8 790.00		988 078.42
2021/09/21			利息	999.00		987 079.42
2021/09/24			购发票	50.00		987 029.42
2021/09/24			广告费	800.00		986 229.42
2021/09/25			手续费	13.00		986 216.42
2021/09/25			材料款	2 498.32		983 718.10
2021/09/27			汽车费	2 415.94		981 302.16
2021/09/30			广告费	52 000.00		929 302.16
2021/09/30			货款		354 744.00	1 284 046.16
				261 393.20	432 672.00	

此对账单如有差错请于10日内通知开户行，否则，视为核对无误。打印时间 Print Date2021/10/01 打印 Print

联系电话 Tel.23564598 传真 Fax 25623546

开户行 Bank 东田支行

三、记账与结账

1. 根据原始凭证、记账凭证及其附件逐笔登记明细账，月末结账。
2. 汇总9月1日～15日和16日～30日记账凭证各科目的发生额，编制科目汇总表。
3. 根据科目汇总表登记总账，月末结账。
4. 编制总账科目余额试算平衡表。
5. 编制银行存款余额调节表。

总账

广州市财政局 监制 标准会计凭证账簿系列

总页码	
本户页次	

会计科目名称及编号：**1001 库存现金**

年		凭证号数	摘要	借方									贷方									借或贷	余额								
月	日			百	十	万	千	百	十	元	角	分	百	十	万	千	百	十	元	角	分		百	十	万	千	百	十	元	角	分

总账

广州市财政局 监制 标准会计凭证账簿系列

总页码	
本户页次	

会计科目名称及编号：**1002 银行存款**

年		凭证号数	摘要	借方									贷方									借或贷	余额								
月	日			百	十	万	千	百	十	元	角	分	百	十	万	千	百	十	元	角	分		百	十	万	千	百	十	元	角	分

总账

广州市财政局 监制 标准会计凭证账簿系列

总页码	
本户页次	

会计科目名称及编号：**1012 其他货币资金**

年		凭证号数	摘要	借方									贷方									借或贷	余额								
月	日			百	十	万	千	百	十	元	角	分	百	十	万	千	百	十	元	角	分		百	十	万	千	百	十	元	角	分

总　账

广州市财政局 监制 标准会计凭证账簿系列

总页码	
本户页次	

会计科目名称及编号：**1122 应收账款**

年		凭证号数	摘要	借方									贷方									借或贷	余额								
月	日			百	十	万	千	百	十	元	角	分	百	十	万	千	百	十	元	角	分		百	十	万	千	百	十	元	角	分

总　账

广州市财政局 监制 标准会计凭证账簿系列

总页码	
本户页次	

会计科目名称及编号：**1221 其他应收款**

年		凭证号数	摘要	借方									贷方									借或贷	余额								
月	日			百	十	万	千	百	十	元	角	分	百	十	万	千	百	十	元	角	分		百	十	万	千	百	十	元	角	分

总　账

广州市财政局 监制 标准会计凭证账簿系列

总页码	
本户页次	

会计科目名称及编号：**1231 坏账准备**

年		凭证号数	摘要	借方									贷方									借或贷	余额								
月	日			百	十	万	千	百	十	元	角	分	百	十	万	千	百	十	元	角	分		百	十	万	千	百	十	元	角	分

总　账

广州市财政局 监制 标准会计凭证账簿系列

总页码	
本户页次	

会计科目名称及编号：**1402 在途物资**

年		凭证号数	摘要	借方									贷方									借或贷	余额								
月	日			百	十	万	千	百	十	元	角	分	百	十	万	千	百	十	元	角	分		百	十	万	千	百	十	元	角	分

总　账

广州市财政局 监制 标准会计凭证账簿系列

总页码	
本户页次	

会计科目名称及编号：**1403 原材料**

年		凭证号数	摘要	借方									贷方									借或贷	余额								
月	日			百	十	万	千	百	十	元	角	分	百	十	万	千	百	十	元	角	分		百	十	万	千	百	十	元	角	分

总　账

广州市财政局 监制 标准会计凭证账簿系列

总页码	
本户页次	

会计科目名称及编号：**1405 库存商品**

年		凭证号数	摘要	借方									贷方									借或贷	余额								
月	日			百	十	万	千	百	十	元	角	分	百	十	万	千	百	十	元	角	分		百	十	万	千	百	十	元	角	分

总 账

广州市财政局 监制 标准会计凭证账簿系列

总页码	
本户页次	

会计科目名称及编号：**1411 周转材料**

年		凭证号数	摘要	借方									贷方									借或贷	余额								
月	日			百	十	万	千	百	十	元	角	分	百	十	万	千	百	十	元	角	分		百	十	万	千	百	十	元	角	分

总 账

广州市财政局 监制 标准会计凭证账簿系列

总页码	
本户页次	

会计科目名称及编号：**1601 固定资产**

年		凭证号数	摘要	借方									贷方									借或贷	余额								
月	日			百	十	万	千	百	十	元	角	分	百	十	万	千	百	十	元	角	分		百	十	万	千	百	十	元	角	分

总 账

广州市财政局 监制 标准会计凭证账簿系列

总页码	
本户页次	

会计科目名称及编号：**1602 累计折旧**

年		凭证号数	摘要	借方									贷方									借或贷	余额								
月	日			百	十	万	千	百	十	元	角	分	百	十	万	千	百	十	元	角	分		百	十	万	千	百	十	元	角	分

总账

总页码	
本户页次	

会计科目名称及编号：**1701 无形资产**

年		凭证号数	摘要	借方									贷方									借或贷	余额								
月	日			百	十	万	千	百	十	元	角	分	百	十	万	千	百	十	元	角	分		百	十	万	千	百	十	元	角	分

总账

总页码	
本户页次	

会计科目名称及编号：**1702 累计摊销**

年		凭证号数	摘要	借方									贷方									借或贷	余额								
月	日			百	十	万	千	百	十	元	角	分	百	十	万	千	百	十	元	角	分		百	十	万	千	百	十	元	角	分

总账

总页码	
本户页次	

会计科目名称及编号：**2001 短期借款**

年		凭证号数	摘要	借方									贷方									借或贷	余额								
月	日			百	十	万	千	百	十	元	角	分	百	十	万	千	百	十	元	角	分		百	十	万	千	百	十	元	角	分

总账

总页码	
本户页次	

会计科目名称及编号：**2201 应付票据**

年		凭证号数	摘要	借方									贷方									借或贷	余额								
月	日			百	十	万	千	百	十	元	角	分	百	十	万	千	百	十	元	角	分		百	十	万	千	百	十	元	角	分

总账

总页码	
本户页次	

会计科目名称及编号：**2202 应付账款**

年		凭证号数	摘要	借方									贷方									借或贷	余额								
月	日			百	十	万	千	百	十	元	角	分	百	十	万	千	百	十	元	角	分		百	十	万	千	百	十	元	角	分

总账

总页码	
本户页次	

会计科目名称及编号：**2211 应付职工薪酬**

年		凭证号数	摘要	借方									贷方									借或贷	余额								
月	日			百	十	万	千	百	十	元	角	分	百	十	万	千	百	十	元	角	分		百	十	万	千	百	十	元	角	分

总 账

广州市财政局 监制 标准会计凭证账簿系列

总页码	
本户页次	

会计科目名称及编号：**2221 应交税费**

年		凭证号数	摘要	借方									贷方									借或贷	余额								
月	日			百	十	万	千	百	十	元	角	分	百	十	万	千	百	十	元	角	分		百	十	万	千	百	十	元	角	分

总 账

广州市财政局 监制 标准会计凭证账簿系列

总页码	
本户页次	

会计科目名称及编号：**2231 应付利息**

年		凭证号数	摘要	借方									贷方									借或贷	余额								
月	日			百	十	万	千	百	十	元	角	分	百	十	万	千	百	十	元	角	分		百	十	万	千	百	十	元	角	分

总 账

广州市财政局 监制 标准会计凭证账簿系列

总页码	
本户页次	

会计科目名称及编号：**2241 其他应付款**

年		凭证号数	摘要	借方									贷方									借或贷	余额								
月	日			百	十	万	千	百	十	元	角	分	百	十	万	千	百	十	元	角	分		百	十	万	千	百	十	元	角	分

总账

广州市财政局 监制 标准会计凭证账簿系列

总页码	
本户页次	

会计科目名称及编号：**2501 长期借款**

年		凭证号数	摘要	借方									贷方									借或贷	余额								
月	日			百	十	万	千	百	十	元	角	分	百	十	万	千	百	十	元	角	分		百	十	万	千	百	十	元	角	分

总账

广州市财政局 监制 标准会计凭证账簿系列

总页码	
本户页次	

会计科目名称及编号：**3001 实收资本**

年		凭证号数	摘要	借方									贷方									借或贷	余额								
月	日			百	十	万	千	百	十	元	角	分	百	十	万	千	百	十	元	角	分		百	十	万	千	百	十	元	角	分

总账

广州市财政局 监制 标准会计凭证账簿系列

总页码	
本户页次	

会计科目名称及编号：**3002 资本公积**

年		凭证号数	摘要	借方									贷方									借或贷	余额								
月	日			百	十	万	千	百	十	元	角	分	百	十	万	千	百	十	元	角	分		百	十	万	千	百	十	元	角	分

总　账

广州市财政局 监制 标准会计凭证账簿系列

总页码	
本户页次	

会计科目名称及编号：**3101 盈余公积**

年		凭证号数	摘　要	借　方									贷　方									借或贷	余　额								
月	日			百	十	万	千	百	十	元	角	分	百	十	万	千	百	十	元	角	分		百	十	万	千	百	十	元	角	分

总　账

广州市财政局 监制 标准会计凭证账簿系列

总页码	
本户页次	

会计科目名称及编号：**3103 本年利润**

年		凭证号数	摘　要	借　方									贷　方									借或贷	余　额								
月	日			百	十	万	千	百	十	元	角	分	百	十	万	千	百	十	元	角	分		百	十	万	千	百	十	元	角	分

总　账

广州市财政局 监制 标准会计凭证账簿系列

总页码	
本户页次	

会计科目名称及编号：**3104 利润分配**

年		凭证号数	摘　要	借　方									贷　方									借或贷	余　额								
月	日			百	十	万	千	百	十	元	角	分	百	十	万	千	百	十	元	角	分		百	十	万	千	百	十	元	角	分

总　账

广州市财政局 监制 标准会计凭证账簿系列

总页码	
本户页次	

会计科目名称及编号：**4001 生产成本**

年		凭证号数	摘要	借方									贷方									借或贷	余额								
月	日			百	十	万	千	百	十	元	角	分	百	十	万	千	百	十	元	角	分		百	十	万	千	百	十	元	角	分

总　账

广州市财政局 监制 标准会计凭证账簿系列

总页码	
本户页次	

会计科目名称及编号：**4101 制造费用**

年		凭证号数	摘要	借方									贷方									借或贷	余额								
月	日			百	十	万	千	百	十	元	角	分	百	十	万	千	百	十	元	角	分		百	十	万	千	百	十	元	角	分

总　账

广州市财政局 监制 标准会计凭证账簿系列

总页码	
本户页次	

会计科目名称及编号：**5001 主营业务收入**

年		凭证号数	摘要	借方									贷方									借或贷	余额								
月	日			百	十	万	千	百	十	元	角	分	百	十	万	千	百	十	元	角	分		百	十	万	千	百	十	元	角	分

总　账

广州市财政局 监制 标准会计凭证账簿系列

总页码	
本户页次	

会计科目名称及编号：**5111 投资收益**

年		凭证号数	摘要	借方									贷方									借或贷	余额								
月	日			百	十	万	千	百	十	元	角	分	百	十	万	千	百	十	元	角	分		百	十	万	千	百	十	元	角	分

总　账

广州市财政局 监制 标准会计凭证账簿系列

总页码	
本户页次	

会计科目名称及编号：**5301 营业外收入**

年		凭证号数	摘要	借方									贷方									借或贷	余额								
月	日			百	十	万	千	百	十	元	角	分	百	十	万	千	百	十	元	角	分		百	十	万	千	百	十	元	角	分

总　账

广州市财政局 监制 标准会计凭证账簿系列

总页码	
本户页次	

会计科目名称及编号：**5401 主营业务成本**

年		凭证号数	摘要	借方									贷方									借或贷	余额								
月	日			百	十	万	千	百	十	元	角	分	百	十	万	千	百	十	元	角	分		百	十	万	千	百	十	元	角	分

总 账

广州市财政局 监制 标准会计凭证账簿系列

总页码	
本户页次	

会计科目名称及编号：**5403 税金及附加**

年		凭证号数	摘要	借方									贷方									借或贷	余额								
月	日			百	十	万	千	百	十	元	角	分	百	十	万	千	百	十	元	角	分		百	十	万	千	百	十	元	角	分

总 账

广州市财政局 监制 标准会计凭证账簿系列

总页码	
本户页次	

会计科目名称及编号：**5601 销售费用**

年		凭证号数	摘要	借方									贷方									借或贷	余额								
月	日			百	十	万	千	百	十	元	角	分	百	十	万	千	百	十	元	角	分		百	十	万	千	百	十	元	角	分

总 账

广州市财政局 监制 标准会计凭证账簿系列

总页码	
本户页次	

会计科目名称及编号：**5602 管理费用**

年		凭证号数	摘要	借方									贷方									借或贷	余额								
月	日			百	十	万	千	百	十	元	角	分	百	十	万	千	百	十	元	角	分		百	十	万	千	百	十	元	角	分

总 账

广州市财政局 监制 标准会计凭证账簿系列

总页码	
本户页次	

会计科目名称及编号：**5603 财务费用**

年		凭证号数	摘要	借方									贷方									借或贷	余额								
月	日			百	十	万	千	百	十	元	角	分	百	十	万	千	百	十	元	角	分		百	十	万	千	百	十	元	角	分

总 账

广州市财政局 监制 标准会计凭证账簿系列

总页码	
本户页次	

会计科目名称及编号：**5711 营业外支出**

年		凭证号数	摘要	借方									贷方									借或贷	余额								
月	日			百	十	万	千	百	十	元	角	分	百	十	万	千	百	十	元	角	分		百	十	万	千	百	十	元	角	分

总 账

广州市财政局 监制 标准会计凭证账簿系列

总页码	
本户页次	

会计科目名称及编号：**5801 所得税费用**

年		凭证号数	摘要	借方									贷方									借或贷	余额								
月	日			百	十	万	千	百	十	元	角	分	百	十	万	千	百	十	元	角	分		百	十	万	千	百	十	元	角	分

库存现金日记账

广州市财政局 监制 标准会计凭证账簿系列

年		凭证编号	摘要	借方									贷方									借或贷	余额							
月	日			百	十	万	千	百	十	元	角	分	百	十	万	千	百	十	元	角	分		百	十	万	千	百	十	元	角	分

银行存款日记账

年		凭证编号	摘要	借方									贷方									借或贷	余额								
月	日			百	十	万	千	百	十	元	角	分	百	十	万	千	百	十	元	角	分		百	十	万	千	百	十	元	角	分

其他货币资金明细账

会计科目名称及编号：**101201 存出投资款**

年		凭证编号	摘要	借方									贷方									借或贷	余额								
月	日			百	十	万	千	百	十	元	角	分	百	十	万	千	百	十	元	角	分		百	十	万	千	百	十	元	角	分

应收账款明细账

会计科目名称及编号：**112201 厦门市益佳有限公司**

年		凭证编号	摘要	借方									贷方									借或贷	余额								
月	日			百	十	万	千	百	十	元	角	分	百	十	万	千	百	十	元	角	分		百	十	万	千	百	十	元	角	分

应收账款明细账

会计科目名称及编号：**112202 太原市新好有限公司**

年		凭证编号	摘要	借方									贷方									借或贷	余额								
月	日			百	十	万	千	百	十	元	角	分	百	十	万	千	百	十	元	角	分		百	十	万	千	百	十	元	角	分

应收账款明细账

会计科目名称及编号：**112203 长沙市加福有限公司**

年		凭证编号	摘要	借方									贷方									借或贷	余额								
月	日			百	十	万	千	百	十	元	角	分	百	十	万	千	百	十	元	角	分		百	十	万	千	百	十	元	角	分

其他应收账明细账

会计科目名称及编号：**122101 李小利**

年		凭证编号	摘要	借方									贷方									借或贷	余额								
月	日			百	十	万	千	百	十	元	角	分	百	十	万	千	百	十	元	角	分		百	十	万	千	百	十	元	角	分

在途物资明细账

会计科目名称及编号：**140201 广州市乐多食品有限公司**

年		凭证编号	摘要	借方									贷方									借或贷	余额								
月	日			百	十	万	千	百	十	元	角	分	百	十	万	千	百	十	元	角	分		百	十	万	千	百	十	元	角	分

在途物资明细账

会计科目名称及编号：**140202 上海市美乐食品有限公司**

年		凭证编号	摘要	借方									贷方									借或贷	余额								
月	日			百	十	万	千	百	十	元	角	分	百	十	万	千	百	十	元	角	分		百	十	万	千	百	十	元	角	分

在途物资明细账

会计科目名称及编号：**140203 深圳市汇源食品有限公司**

年		凭证编号	摘要	借方									贷方									借或贷	余额								
月	日			百	十	万	千	百	十	元	角	分	百	十	万	千	百	十	元	角	分		百	十	万	千	百	十	元	角	分

固定资产明细账

会计科目名称及编号：**160101 房屋及建筑物**

年		凭证编号	摘要	借方									贷方									借或贷	余额								
月	日			百	十	万	千	百	十	元	角	分	百	十	万	千	百	十	元	角	分		百	十	万	千	百	十	元	角	分

固定资产明细账

会计科目名称及编号：**160102 机器设备**

年		凭证编号	摘要	借方									贷方									借或贷	余额								
月	日			百	十	万	千	百	十	元	角	分	百	十	万	千	百	十	元	角	分		百	十	万	千	百	十	元	角	分

固定资产明细账

会计科目名称及编号：**160103 运输工具**

年		凭证编号	摘要	借方									贷方									借或贷	余额								
月	日			百	十	万	千	百	十	元	角	分	百	十	万	千	百	十	元	角	分		百	十	万	千	百	十	元	角	分

固定资产明细账

会计科目名称及编号：**160104 其他设备**

年		凭证编号	摘要	借方									贷方									借或贷	余额								
月	日			百	十	万	千	百	十	元	角	分	百	十	万	千	百	十	元	角	分		百	十	万	千	百	十	元	角	分

累计折旧明细账

会计科目名称及编号：**1602 累计折旧**

年		凭证编号	摘要	借方									贷方									借或贷	余额								
月	日			百	十	万	千	百	十	元	角	分	百	十	万	千	百	十	元	角	分		百	十	万	千	百	十	元	角	分

无形资产明细账

会计科目名称及编号：**170101 商标使用权**

年		凭证编号	摘要	借方									贷方									借或贷	余额								
月	日			百	十	万	千	百	十	元	角	分	百	十	万	千	百	十	元	角	分		百	十	万	千	百	十	元	角	分

累计摊销明细账

会计科目名称及编号：**1702 累计摊销**

年		凭证编号	摘要	借方									贷方									借或贷	余额								
月	日			百	十	万	千	百	十	元	角	分	百	十	万	千	百	十	元	角	分		百	十	万	千	百	十	元	角	分

短期借款明细账

会计科目名称及编号：**200101 建行广州市东田支行**

年		凭证编号	摘要	借方									贷方									借或贷	余额								
月	日			百	十	万	千	百	十	元	角	分	百	十	万	千	百	十	元	角	分		百	十	万	千	百	十	元	角	分

应付票据明细账

会计科目名称及编号：**220101 江苏省盐力机械有限公司**

年		凭证编号	摘要	借方									贷方									借或贷	余额								
月	日			百	十	万	千	百	十	元	角	分	百	十	万	千	百	十	元	角	分		百	十	万	千	百	十	元	角	分

应付职工薪酬明细账

会计科目名称及编号：**221101 职工工资**

年		凭证编号	摘要	借方									贷方									借或贷	余额								
月	日			百	十	万	千	百	十	元	角	分	百	十	万	千	百	十	元	角	分		百	十	万	千	百	十	元	角	分

应付职工薪酬明细账

会计科目名称及编号：221102 职工福利费

年		凭证编号	摘要	借方									贷方									借或贷	余额								
月	日			百	十	万	千	百	十	元	角	分	百	十	万	千	百	十	元	角	分		百	十	万	千	百	十	元	角	分

应付职工薪酬明细账

会计科目名称及编号：221103 社会保险费

年		凭证编号	摘要	借方									贷方									借或贷	余额								
月	日			百	十	万	千	百	十	元	角	分	百	十	万	千	百	十	元	角	分		百	十	万	千	百	十	元	角	分

应付职工薪酬明细账

会计科目名称及编号：221104 住房公积金

年		凭证编号	摘要	借方									贷方									借或贷	余额								
月	日			百	十	万	千	百	十	元	角	分	百	十	万	千	百	十	元	角	分		百	十	万	千	百	十	元	角	分

应付账款明细账

会计科目名称及编号：**220201 广州市乐多食品有限公司**

年		凭证编号	摘要	借方									贷方									借或贷	余额								
月	日			百	十	万	千	百	十	元	角	分	百	十	万	千	百	十	元	角	分		百	十	万	千	百	十	元	角	分

应付账款明细账

会计科目名称及编号：**220202 上海市美乐食品有限公司**

年		凭证编号	摘要	借方									贷方									借或贷	余额								
月	日			百	十	万	千	百	十	元	角	分	百	十	万	千	百	十	元	角	分		百	十	万	千	百	十	元	角	分

应付账款明细账

会计科目名称及编号：**220203 广州市供电分公司**

年		凭证编号	摘要	借方									贷方									借或贷	余额								
月	日			百	十	万	千	百	十	元	角	分	百	十	万	千	百	十	元	角	分		百	十	万	千	百	十	元	角	分

应付账款明细账

会计科目名称及编号：**220204 广州市自来水公司**

年		凭证编号	摘要	借方									贷方									借或贷	余额								
月	日			百	十	万	千	百	十	元	角	分	百	十	万	千	百	十	元	角	分		百	十	万	千	百	十	元	角	分

应交税费明细账

会计科目名称及编号：**222102 待抵扣进项税额**

年		凭证编号	摘要	借方									贷方									借或贷	余额								
月	日			百	十	万	千	百	十	元	角	分	百	十	万	千	百	十	元	角	分		百	十	万	千	百	十	元	角	分

应交税费明细账

会计科目名称及编号：**222103 应交城市维护建设税**

年		凭证编号	摘要	借方									贷方									借或贷	余额								
月	日			百	十	万	千	百	十	元	角	分	百	十	万	千	百	十	元	角	分		百	十	万	千	百	十	元	角	分

应交税费明细账

会计科目名称及编号：**222104 应交教育费附加**

年		凭证编号	摘要	借方									贷方									借或贷	余额								
月	日			百	十	万	千	百	十	元	角	分	百	十	万	千	百	十	元	角	分		百	十	万	千	百	十	元	角	分

应交税费明细账

会计科目名称及编号：**222105 应交个人所得税**

年		凭证编号	摘要	借方									贷方									借或贷	余额								
月	日			百	十	万	千	百	十	元	角	分	百	十	万	千	百	十	元	角	分		百	十	万	千	百	十	元	角	分

应交税费明细账

会计科目名称及编号：**222106 应交所得税**

年		凭证编号	摘要	借方									贷方									借或贷	余额								
月	日			百	十	万	千	百	十	元	角	分	百	十	万	千	百	十	元	角	分		百	十	万	千	百	十	元	角	分

应付利息明细账

会计科目名称及编号：**2231 应付利息**

年		凭证编号	摘要	借方									贷方									借或贷	余额								
月	日			百	十	万	千	百	十	元	角	分	百	十	万	千	百	十	元	角	分		百	十	万	千	百	十	元	角	分

其他应付款明细账

会计科目名称及编号：**224101 社会保险费**

年		凭证编号	摘要	借方									贷方									借或贷	余额								
月	日			百	十	万	千	百	十	元	角	分	百	十	万	千	百	十	元	角	分		百	十	万	千	百	十	元	角	分

其他应付款明细账

会计科目名称及编号：**224102 住房公积金**

年		凭证编号	摘要	借方									贷方									借或贷	余额								
月	日			百	十	万	千	百	十	元	角	分	百	十	万	千	百	十	元	角	分		百	十	万	千	百	十	元	角	分

长期借款明细账

会计科目名称及编号：**250101 建行广州市东田支行**

年		凭证编号	摘要	借方									贷方									借或贷	余额								
月	日			百	十	万	千	百	十	元	角	分	百	十	万	千	百	十	元	角	分		百	十	万	千	百	十	元	角	分

实收资本明细账

会计科目名称及编号：**300101 余力**

年		凭证编号	摘要	借方									贷方									借或贷	余额								
月	日			百	十	万	千	百	十	元	角	分	百	十	万	千	百	十	元	角	分		百	十	万	千	百	十	元	角	分

实收资本明细账

会计科目名称及编号：**300102 刘裕玮**

年		凭证编号	摘要	借方									贷方									借或贷	余额								
月	日			百	十	万	千	百	十	元	角	分	百	十	万	千	百	十	元	角	分		百	十	万	千	百	十	元	角	分

资本公积明细账

会计科目名称及编号：**300201 资本溢价**

年		凭证编号	摘要	借方									贷方									借或贷	余额								
月	日			百	十	万	千	百	十	元	角	分	百	十	万	千	百	十	元	角	分		百	十	万	千	百	十	元	角	分

盈余公积明细账

会计科目名称及编号：**310101 法定盈余公积**

年		凭证编号	摘要	借方									贷方									借或贷	余额								
月	日			百	十	万	千	百	十	元	角	分	百	十	万	千	百	十	元	角	分		百	十	万	千	百	十	元	角	分

利润分配明细账

会计科目名称及编号：**310401 未分配利润**

年		凭证编号	摘要	借方									贷方									借或贷	余额								
月	日			百	十	万	千	百	十	元	角	分	百	十	万	千	百	十	元	角	分		百	十	万	千	百	十	元	角	分

主营业务收入明细账

会计科目名称及编号：**500101 纯巧克力**

年		凭证编号	摘要	借方									贷方									借或贷	余额								
月	日			百	十	万	千	百	十	元	角	分	百	十	万	千	百	十	元	角	分		百	十	万	千	百	十	元	角	分

主营业务收入明细账

会计科目名称及编号：**500102 牛奶巧克力**

年		凭证编号	摘要	借方									贷方									借或贷	余额								
月	日			百	十	万	千	百	十	元	角	分	百	十	万	千	百	十	元	角	分		百	十	万	千	百	十	元	角	分

主营业务收入明细账

会计科目名称及编号：**500103 果仁巧克力**

年		凭证编号	摘要	借方									贷方									借或贷	余额								
月	日			百	十	万	千	百	十	元	角	分	百	十	万	千	百	十	元	角	分		百	十	万	千	百	十	元	角	分

主营业务成本明细账

会计科目名称及编号：**540101 纯巧克力**

年		凭证编号	摘要	借方									贷方									借或贷	余额								
月	日			百	十	万	千	百	十	元	角	分	百	十	万	千	百	十	元	角	分		百	十	万	千	百	十	元	角	分

主营业务成本明细账

会计科目名称及编号：**540102 牛奶巧克力**

年		凭证编号	摘要	借方									贷方									借或贷	余额								
月	日			百	十	万	千	百	十	元	角	分	百	十	万	千	百	十	元	角	分		百	十	万	千	百	十	元	角	分

主营业务成本明细账

会计科目名称及编号：**540103 果仁巧克力**

年		凭证编号	摘要	借方									贷方									借或贷	余额								
月	日			百	十	万	千	百	十	元	角	分	百	十	万	千	百	十	元	角	分		百	十	万	千	百	十	元	角	分

税金及附加明细账

会计科目名称及编号：**5403 税金及附加**

年		凭证编号	摘要	借方									贷方									借或贷	余额								
月	日			百	十	万	千	百	十	元	角	分	百	十	万	千	百	十	元	角	分		百	十	万	千	百	十	元	角	分

营业外支出明细账

会计科目名称及编号：**5711 捐赠支出**

年		凭证编号	摘要	借方									贷方									借或贷	余额								
月	日			百	十	万	千	百	十	元	角	分	百	十	万	千	百	十	元	角	分		百	十	万	千	百	十	元	角	分

所得税费用明细账

会计科目名称及编号：**5801 所得税费用明细账**

年		凭证编号	摘要	借方									贷方									借或贷	余额								
月	日			百	十	万	千	百	十	元	角	分	百	十	万	千	百	十	元	角	分		百	十	万	千	百	十	元	角	分

最高存量：

最低存量：

原材料明细账

账号　　　总页数

页数

编号：**140301**　计量单位：　规格　存放地点　类别　品名**可可液块**

年		凭证编号	摘要	收入											发出											余额										
月	日			数量	单价	金额									数量	单价	金额									数量	单价	金额								
						百	十	万	千	百	十	元	角	分			百	十	万	千	百	十	元	角	分			百	十	万	千	百	十	元	角	分

最高存量：

最低存量：

原材料明细账

账号　　　总页数

页数

编号：**140302**　计量单位：　规格　存放地点　类别　品名**奶粉**

年		凭证编号	摘要	收入											发出											余额										
月	日			数量	单价	金额									数量	单价	金额									数量	单价	金额								
						百	十	万	千	百	十	元	角	分			百	十	万	千	百	十	元	角	分			百	十	万	千	百	十	元	角	分

最高存量：
最低存量：

原材料明细账

账号	总页数
页数	

编号：**140303** 计量单位：______ 规格______ 存放地点______ 类别______ 品名**白砂糖**

年		凭证编号	摘要	收入											发出											余额										
				数量	单价	金额									数量	单价	金额									数量	单价	金额								
月	日					百	十	万	千	百	十	元	角	分			百	十	万	千	百	十	元	角	分			百	十	万	千	百	十	元	角	分

最高存量：
最低存量：

原材料明细账

账号	总页数
页数	

编号：**140304** 计量单位：______ 规格______ 存放地点______ 类别______ 品名**乳化剂**

年		凭证编号	摘要	收入											发出											余额										
				数量	单价	金额									数量	单价	金额									数量	单价	金额								
月	日					百	十	万	千	百	十	元	角	分			百	十	万	千	百	十	元	角	分			百	十	万	千	百	十	元	角	分

最高存量：
最低存量：

原材料明细账

账号	总页数
页数	

编号：**140305**　计量单位：　规格　存放地点　类别　品名**食用香料**

年		凭证编号	摘要	收入											发出											余额										
月	日			数量	单价	金额									数量	单价	金额									数量	单价	金额								
						百	十	万	千	百	十	元	角	分			百	十	万	千	百	十	元	角	分			百	十	万	千	百	十	元	角	分

最高存量：
最低存量：

原材料明细账

账号	总页数
页数	

编号：**140306**　计量单位：　规格　存放地点　类别　品名**坚果**

年		凭证编号	摘要	收入											发出											余额										
月	日			数量	单价	金额									数量	单价	金额									数量	单价	金额								
						百	十	万	千	百	十	元	角	分			百	十	万	千	百	十	元	角	分			百	十	万	千	百	十	元	角	分

最高存量：
最低存量：

库存商品明细账

账号	总页数
页数	

编号：140501　计量单位：　　规格　　存放地点　　类别　　品名 纯巧克力

年		凭证编号	摘要	收入											发出											余额										
				数量	单价	金额									数量	单价	金额									数量	单价	金额								
月	日					百	十	万	千	百	十	元	角	分			百	十	万	千	百	十	元	角	分			百	十	万	千	百	十	元	角	分

最高存量：
最低存量：

库存商品明细账

账号	总页数
页数	

编号：140502　计量单位：　　规格　　存放地点　　类别　　品名牛奶巧克力

年		凭证编号	摘要	收入											发出											余额										
				数量	单价	金额									数量	单价	金额									数量	单价	金额								
月	日					百	十	万	千	百	十	元	角	分			百	十	万	千	百	十	元	角	分			百	十	万	千	百	十	元	角	分

最高存量：
最低存量：

库存商品明细账

账号	总页数
页数	

编号：140503　计量单位：　规格　存放地点　类别　品名果仁巧克力

年		凭证编号	摘要	收入											发出											余额										
				数量	单价	金额									数量	单价	金额									数量	单价	金额								
月	日					百	十	万	千	百	十	元	角	分			百	十	万	千	百	十	元	角	分			百	十	万	千	百	十	元	角	分

最高存量：
最低存量：

周转材料——包装物明细账

账号	总页数
页数	

编号：14110101　计量单位：　规格　存放地点　类别　品名包装盒

年		凭证编号	摘要	收入											发出											余额										
				数量	单价	金额									数量	单价	金额									数量	单价	金额								
月	日					百	十	万	千	百	十	元	角	分			百	十	万	千	百	十	元	角	分			百	十	万	千	百	十	元	角	分

最高存量：
最低存量：

周转材料——低值易耗品明细账

广州市财政局 监制 标准会计凭证账簿系列

账号	总页数
页数	

编号：**14110201**　计量单位：　规格　存放地点　类别　品名**故障警示牌**

年		凭证编号	摘要	收入											发出											余额										
月	日			数量	单价	金额									数量	单价	金额									数量	单价	金额								
						百	十	万	千	百	十	元	角	分			百	十	万	千	百	十	元	角	分			百	十	万	千	百	十	元	角	分

最高存量：
最低存量：

周转材料——低值易耗品明细账

广州市财政局 监制 标准会计凭证账簿系列

账号	总页数
页数	

编号：**14110202**　计量单位：　规格　存放地点　类别　品名**棉纱手套**

年		凭证编号	摘要	收入											发出											余额										
月	日			数量	单价	金额									数量	单价	金额									数量	单价	金额								
						百	十	万	千	百	十	元	角	分			百	十	万	千	百	十	元	角	分			百	十	万	千	百	十	元	角	分

基本生产成本明细账

明细科目：**40010101 基本生产成本——纯巧克力**　　　　金额单位：元

年		凭证编号	摘要	合计								成本及费用项目																							
												直接材料								直接人工								制造费用							
月	日			十	万	千	百	十	元	角	分	十	万	千	百	十	元	角	分	十	万	千	百	十	元	角	分	十	万	千	百	十	元	角	分

基本生产成本明细账

广州市财政局 监制 标准会计凭证账簿系列

明细科目：**40010102 基本生产成本——牛奶巧克力**　　　　金额单位：元

年		凭证编号	摘要	合计								成本及费用项目																							
												直接材料								直接人工								制造费用							
月	日			十	万	千	百	十	元	角	分	十	万	千	百	十	元	角	分	十	万	千	百	十	元	角	分	十	万	千	百	十	元	角	分

基本生产成本明细账

广州市财政局 监制 标准会计凭证账簿系列

明细科目：**40010103 基本生产成本——果仁巧克力**　　　　金额单位：元

年		凭证编号	摘要	合计								成本及费用项目																							
												直接材料								直接人工								制造费用							
月	日			十	万	千	百	十	元	角	分	十	万	千	百	十	元	角	分	十	万	千	百	十	元	角	分	十	万	千	百	十	元	角	分

银行存款余额调节表

单位名称：＿＿＿＿＿＿＿＿　　　　年　　月　　日　　　　账号：＿＿＿＿＿＿

项　　目	金　额	项　　目	金　额
企业银行存款日记账余额		银行对账单余额	
加：		加：	
减：		减：	
调节后余额		调节后余额	

会计主管：　　　　复核：　　　　出纳：　　　　制表：

附：未达账项清单

企业未达账项					银行未达账项				
月	日	摘　要	未　收	未　付	月	日	摘　要	未　收	未　付
		合计					合计		

四、编制相关报表

科目汇总表

类别编号：　　　　　　　　　　年　　月　　日　　　　　　　　　　凭证　号至　号共　张

会计科目	本期发生额																						备注
	借方										√	贷方									√		
	千	百	十	万	千	百	十	元	角	分		千	百	十	万	千	百	十	元	角	分		

会计主管　　　　　　　　记账　　　　　　　　审核　　　　　　　　制表

科目汇总表

类别编号：　　　　　　　　年　　月　　日　　　　　　　　凭证　号至　号共　张

会计科目	本期发生额																						备注
	借方										√	贷方										√	
	千	百	十	万	千	百	十	元	角	分		千	百	十	万	千	百	十	元	角	分		

会计主管　　　　　　记账　　　　　　审核　　　　　　制表

总账科目余额试算平衡表

类别编号：　　　　　　　　　年　　月　　日　　　　　　　　凭证　号至　号共　张

会计科目	期末余额																						备注
	借方										√	贷方										√	
	千	百	十	万	千	百	十	元	角	分		千	百	十	万	千	百	十	元	角	分		

会计主管　　　　　　记账　　　　　　审核　　　　　　制表

资产负债表

会小企01表

编制单位：　　　　　　　　　　　　年　　月　　日　　　　　　　　　　单位：元

资产	行次	期末余额	年初余额	负债和所有者权益	行次	期末余额	年初余额
流动资产：				流动负债：			
货币资金	1			短期借款	31		
短期投资	2			应付票据	32		
应收票据	3			应付账款	33		
应收账款	4			预收账款	34		
预付账款	5			应付职工薪酬	35		
应收股利	6			应交税费	36		
应收利息	7			应付利息	37		
其他应收款	8			应付利润	38		
存货	9			其他应付款	39		
其中：原材料	10			其他流动负债	40		
在产品	11			流动负债合计	41		
库存商品	12			非流动负债：			
周转材料	13			长期借款	42		
其他流动资产	14			长期应付款	43		
流动资产合计	15			递延收益	44		
非流动资产：				其他非流动负债	45		
长期债券投资	16			非流动负债合计	46		
长期股权投资	17			负债合计	47		
固定资产原价	18			所有者权益(或股东益)：			
减：累计折旧	19			实收资本(或股本)	48		
固定资产账面价值	20			资本公积	49		
在建工程	21			盈余公积	50		
工程物资	22			未分配利润	51		
固定资产清理	23			所有者权益(或股东权益)合计	52		
生产性生物资产	24						
无形资产	25						
开发支出	26						
长期待摊费用	27						
其他非流动资产	28						
非流动资产合计	29						
资产总计	30			负债和所有者权益(或股东益)总计	53		

单位负责人：　　　　　　　　　　会计主管：　　　　　　　　　　制表：

利 润 表

会小企02表

编制单位： 年 月 单位：元

项 目	行次	本期金额	上期金额
一、营业收入	1		
减：营业成本	2		
税金及附加	3		
其中：消费税	4		
营业税	5		
城市维护建设税	6		
资源税	7		
土地增值税	8		
城镇土地使用税、房产税、车船税、印花税	9		
教育费附加、矿产资源补偿费、排污费	10		
销售费用	11		
其中：商品维修费	12		
广告费和业务宣传费	13		
管理费用	14		
其中：开办费	15		
业务招待费	16		
研究费用	17		
财务费用	18		
其中：利息费用(收入以“－”号填列)	19		
加：投资收益(损失以“－”号填列)	20		
二、营业利润(亏损以“－”号填列)	21		
加：营业外收入	22		
其中：政府补助	23		
减：营业外支出	24		
其中：坏账损失	25		
无法收回的长期债券投资损失	26		
无法收回的长期股权投资损失	27		
自然灾害等不可抗力因素造成的损失	28		
税收滞纳金	29		
三、利润总额(亏损总额以“－”号填列)	30		
减：所得税费用	31		
四、净利润(净亏损以“－”号填列)	32		

单位负责人： 会计主管： 制表：

A200000 中华人民共和国
企业所得税月(季)度预缴纳税申报表(A 类)

税款所属期间：　　年　月　日至　　年　月　日

纳税人识别号(统一社会信用代码)：□□□□□□□□□□□□□□□□□□

纳税人名称：　　　　　　　　　　　　　　　　　　金额单位：人民币元(列至角分)

预缴方式	□ 按照实际利润额预缴	□ 按照上一纳税年度应纳税所得额平均额预缴	□ 按照税务机关确定的其他方法预缴
企业类型	□ 一般企业	□ 跨地区经营汇总纳税企业总机构	□ 跨地区经营汇总纳税企业分支机构

按季度填报信息									
项　　目	一季度		二季度		三季度		四季度		季度平均值
	季初	季末	季初	季末	季初	季末	季初	季末	
从业人数									
资产总额(万元)									
国家限制或禁止行业	□ 是　□ 否				小型微利企业				□ 是　□ 否

预缴税款计算		
行次	项　　目	本年累计金额
1	营业收入	
2	营业成本	
3	利润总额	
4	加：特定业务计算的应纳税所得额	
5	减：不征税收入	
6	减：免税收入、减计收入、所得减免等优惠金额(填写 A201010)	
7	减：资产加速折旧、摊销(扣除)调减额(填写 A201020)	
8	减：弥补以前年度亏损	
9	实际利润额(3+4－5－6－7－8)\按照上一纳税年度应纳税所得额平均额确定的应纳税所得额	
10	税率(25%)	
11	应纳所得税额(9×10)	
12	减：减免所得税额(填写 A201030)	
13	减：实际已缴纳所得税额	
14	减：特定业务预缴(征)所得税额	
L15	减：符合条件的小型微利企业延缓缴纳所得税额(是否延缓缴纳所得税　□ 是　□ 否)	
15	本期应补(退)所得税额(11－12－13－14－L15)\税务机关确定的本期应纳所得税额	

汇总纳税企业总分机构税款计算			
16	总机构填报	总机构本期分摊应补(退)所得税额(17+18+19)	
17		其中：总机构分摊应补(退)所得税额(15×总机构分摊比例____%)	
18		财政集中分配应补(退)所得税额(15×财政集中分配比例____%)	
19		总机构具有主体生产经营职能的部门分摊所得税额(15×全部分支机构分摊比例____%×总机构具有主体生产经营职能部门分摊比例____%)	
20	分支机构填报	分支机构本期分摊比例	
21		分支机构本期分摊应补(退)所得税额	

附　报　信　息			
高新技术企业	□ 是　□ 否	科技型中小企业	□ 是　□ 否
技术入股递延纳税事项	□ 是　□ 否		

谨声明：本纳税申报表是根据国家税收法律法规及相关规定填报的，是真实的、可靠的、完整的。

纳税人(签章)：　　　　年　月　日

经办人： 经办人身份证号： 代理机构签章： 代理机构统一社会信用代码：	受理人： 受理税务机关(章)： 受理日期：　年　月　日

国家税务总局监制

城市维护建设税 教育费附加 地方教育附加申报表

税款所属期限：自　　年　　月　　日至　　年　　月　　日

纳税人识别号(统一社会信用代码)：

纳税人名称：　　　　　　　　　　　　　　　　　　金额单位：人民币元(列至角分)

本期是否适用增值税小规模纳税人减征政策 (减免性质代码____城市维护建设税：07049901， 减免性质代码____教育费附加：61049901， 减免性质代码____地方教育附加：99049901)	□是 □否	减征比例____城市维护建设税(%)	
		减征比例____教育费附加(%)	
		减征比例____地方教育附加(%)	
本期是否适用试点建设培育产教融合型企业抵免政策	□是 □否	当期新增投资额	
		上期留抵可抵免金额	
		结转下期可抵免金额	

税(费)种	计税(费)依据					税率(征收率)	本期应纳税(费)额	本期减免税(费)额		本期增值税小规模纳税人减征额	试点建设培育产教融合型企业		本期已缴税(费)额	本期应补(退)税(费)额
	增值税		消费税	营业税	合计			减免性质代码	减免税(费)额		减免性质	本期抵免金额		
	一般增值税	免抵税额												
	1	2	3	4	5=1+2+3+4	6	7	8	9	10	11	12	13	14=7−9−10−12−13
城市维护建设税											—	—		
教育费附加														
地方教育附加														
—														
合计	—					—								

谨声明：本申报表是根据国家法律法规及相关规定填报的，是真实的、可靠的、完整的。

纳税人(签章)：　　　　　　　　　　　　　　　　年　　月　　日

经办人： 经办人身份证号： 代理机构签章： 代理机构统一社会信用代码：	受理人： 受理税务机关(章)： 受理日期：　　年　　月　　日

填表说明：

1. “纳税人识别号(统一社会信用代码)”，填报税务机关核发的纳税人识别号或有关部门核发的统一社会信用代码。“纳税人名称”，填报营业执照、税务登记证等证件载明的纳税人名称。

2. “本期是否适用增值税小规模纳税人减征政策(减免性质代码____城市维护建设税：07049901，减免性质代码____教育费附加：61049901，减免性质代码____地方教育附加：99049901)”：纳税人自增值税一般纳税人按规定转登记为小规模纳税人的，自成为小规模纳税人的当月起适用减征优惠。增值税小规模纳税人按规定登记为一般纳税人的，自一般纳税人生效之日起不再适用减征优惠；增值税年应税销售额超过小规模纳税人标准应当登记为一般纳税人而未登记，经税务机关通知，逾期仍不办理登记的，自逾期次月起不再适用减征优惠。纳税人本期适用增值税小规模纳税人减征政策的，勾选“是”；否则，勾选“否”。

3. “减征比例(%)”，当地省级政府根据财税〔2019〕13 号文件确定的减征比例，系统自动带出。

4. “本期是否适用试点建设培育产教融合型企业抵免政策”：符合财税〔2019〕46 号文件规定的试点建设培育产教融合型企业，选择“是”；否则，选择“否”。

5. “当期新增投资额”，填写试点建设培育产教融合型企业当期新增投资额减去股权转让、撤回投资等金额后的投资净额，该数值可为负数。

6. “上期留抵可抵免金额”，填写上期“结转下期可抵免金额”。

7. “结转下期可抵免金额”，填写本期抵免应缴教育费附加、地方教育附加后允许结转下期抵免部分。计算公式：“结转下期可抵免金额”＝“当期新增投资额”×30%＋“上期留抵可抵免金额”－教育费附加“本期试点建设培育产教融合型企业抵免金额”－地方教育附加“本期试点建设培育产教融合型企业抵免金额”，该数值应大于等于零，若计算结果为负，填零。

8. 第 1 栏“一般增值税”，填写本期缴纳的一般增值税税额。

9. 第 2 栏“免抵税额”，填写增值税免抵税额。

10. 第 3 栏“消费税”，填写本期缴纳的消费税税额。

11. 第 4 栏“营业税”，填写本期补缴以前年度的营业税税额，其附加不适用减征规定。

12. 第 5 栏“合计”，反映本期缴纳的增值税、消费税、营业税税额合计。

13. 第 6 栏“税率(征收率)”，填写城市维护建设税、教育费附加、地方教育附加的税率或征收率。

14. 第 7 栏“本期应纳税(费)额”，反映本期按适用税率(征收率)计算缴纳的应纳税额。计算公式为：7＝5×6。

15. 第 8 栏“减免性质代码”，该项按照国家税务总局制定下发的最新《减免税政策代码目录》中的最细项减免性质代码填写。有减免税(费)情况的必填，试点建设培育产教融合型企业抵免不填列此栏。

16. 第 9 栏“减免税(费)额”，反映本期减免的税(费)额。

17. 第 10 栏“本期增值税小规模纳税人减征额”，反映符合条件的增值税小规模纳税人减征的税(费)额。计算公式为：10＝(7－9)×减征比例。

18. 第 11 栏“减免性质”，符合财税〔2019〕46 号文件规定的试点建设培育产教融合型企业分别填写教育费附加产教融合试点减免性质代码 61101402、地方教育附加产教融合试点减免性质代码 99101401。

19. 第 12 栏“本期抵免金额”，填写试点建设培育产教融合型企业本期抵免的教育费附加、地方教育附加金额。

20. 第 13 栏“本期已缴税(费)额”，填写本期应纳税(费)额中已经缴纳的部分。

21. 第 14 栏“本期应补(退)税额”，计算公式为：14＝7－9－10－12－13。

22. 本表一式两份，一份纳税(缴费)人留存，一份税务机关留存。

第二模块

电 算 化 记 账

任务 1 运用电算化记账的说明

操作背景

随着信息技术的飞速发展，用计算机进行会计核算，实现会计电算化，已成为众多企事业单位的必然选择。

电算化记账模块的操作，采用广州市美妍食品有限公司个案的背景资料，通过用友畅捷通 T3 财务软件，实现企业会计核算的电算化。

一、电算化记账的运行环境

1. 操作系统：Windows 7 及以上版本。
2. 应用软件：用友畅捷通 T3 财务软件，其他版本可参照使用。
3. 计算机名称中不能带有“—”字符或者用数字开头。

二、电算化操作的基本要求

1. 核算内容要求

会计软件的核算功能很多，本综合实训只要求进行总账系统的核算，具体内容包括基本的账务处理和会计报表的编制。

2. 操作方法要求

(1) 以三人小组为单位，按照广州市美妍食品有限公司的背景资料，独立完成该企业 9 月份的会计核算。

(2) 操作结束，各小组必须提交所核算企业本期的资产负债表、利润表以及核算的账套资料。

(3) 各小组要将手工记账与电算化记账的结果进行对比，总结两种核算方法的特点及优缺点，为日后参加实际工作做好准备。

三、电算化记账的流程

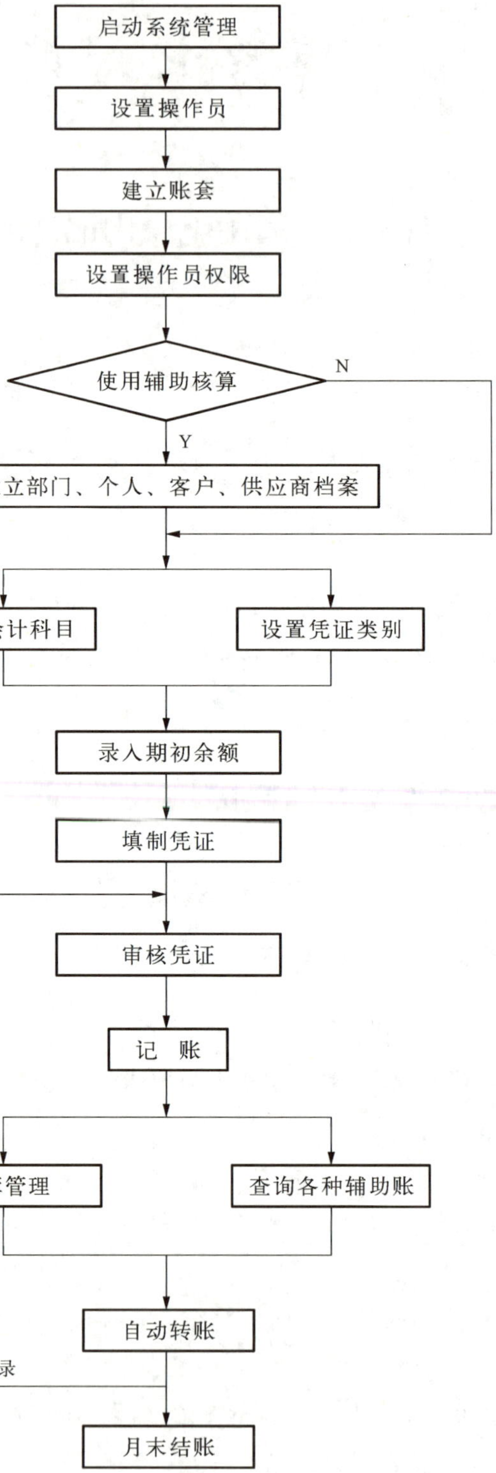
启动系统管理
设置操作员
建立账套
设置操作员权限
使用辅助核算
N
Y
建立部门、个人、客户、供应商档案
设置会计科目
设置凭证类别
录入期初余额
填制凭证
审核凭证
记　账
账簿管理
查询各种辅助账
自动转账
所形成的分录
月末结账

任务2 建 账

操作背景

现在我们就把手工记账的业务用计算机进行核算。

一、建立账套

操作方法

组成三人小组，按岗位分工，明确各自责任，采用实名仿真操作，如果时间允许可进行组内轮岗操作。

1. 启动和注册系统管理

操作步骤

(1) 畅捷通 T3 包含“系统管理”和“T3－企业管理信息化软件行业专版”两个图标，双击“系统管理”图标，打开“系统管理”窗口。

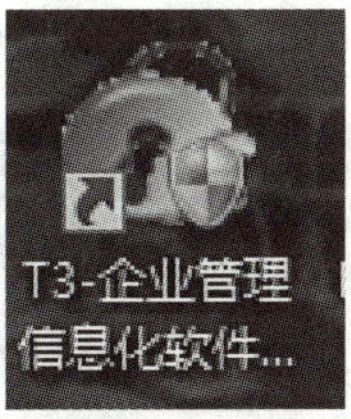

(2) [系统]→[注册]→用户名：admin→密码：空→[确定]。

2. 增加操作员

小组内三位同学协商，采用实名制形式，按岗位分工，扮演“账套主管”“会计”“出纳”三个角色。

编号	职务(应为学生姓名)	口令	所属部门
01	账套主管	1	财务科
02	会计	2	财务科
03	出纳	3	财务科

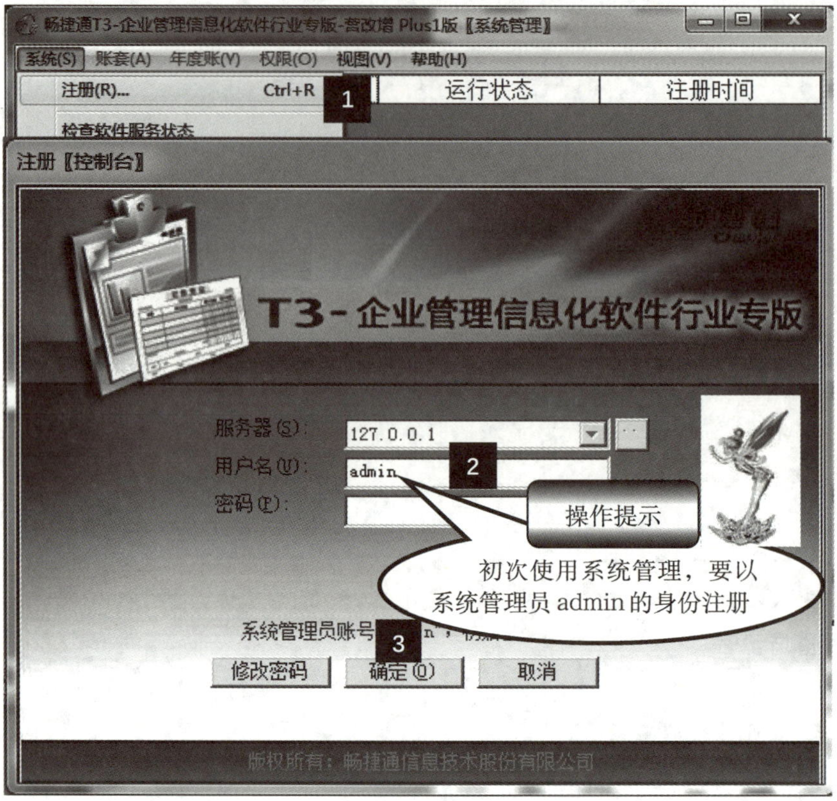

操作步骤

［权限］→［操作员］→［增加］→增加三个操作员后→［退出］。

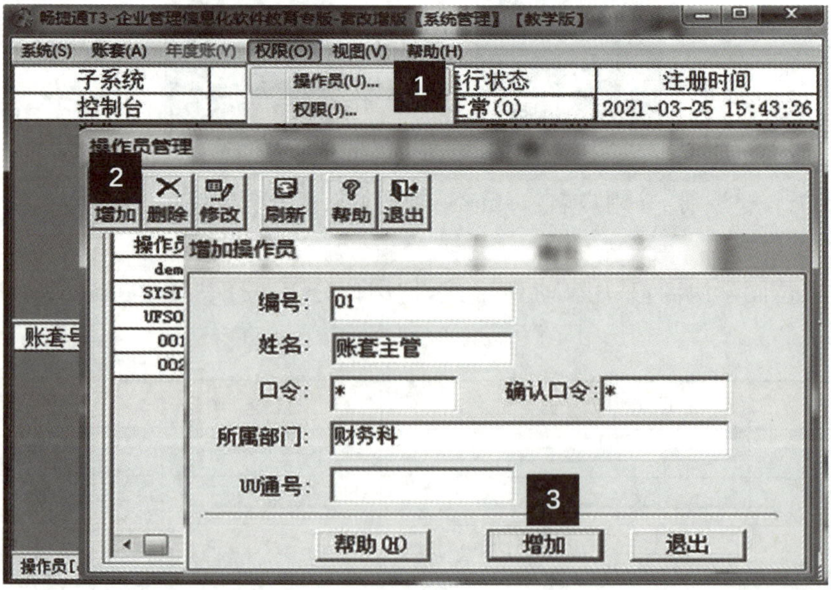

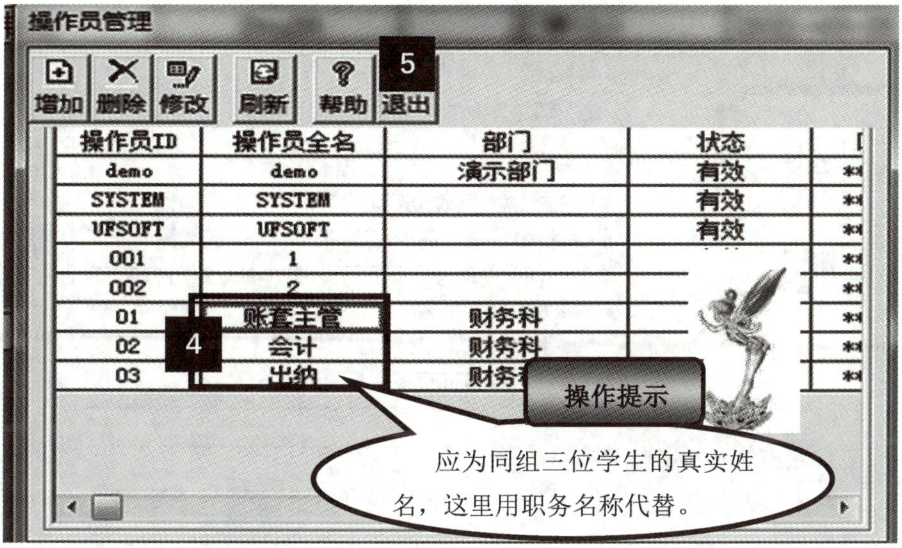

3. 新建账套

操作步骤

(1) [账套]→[建立]→按企业背景资料的内容输入账套信息和单位信息。

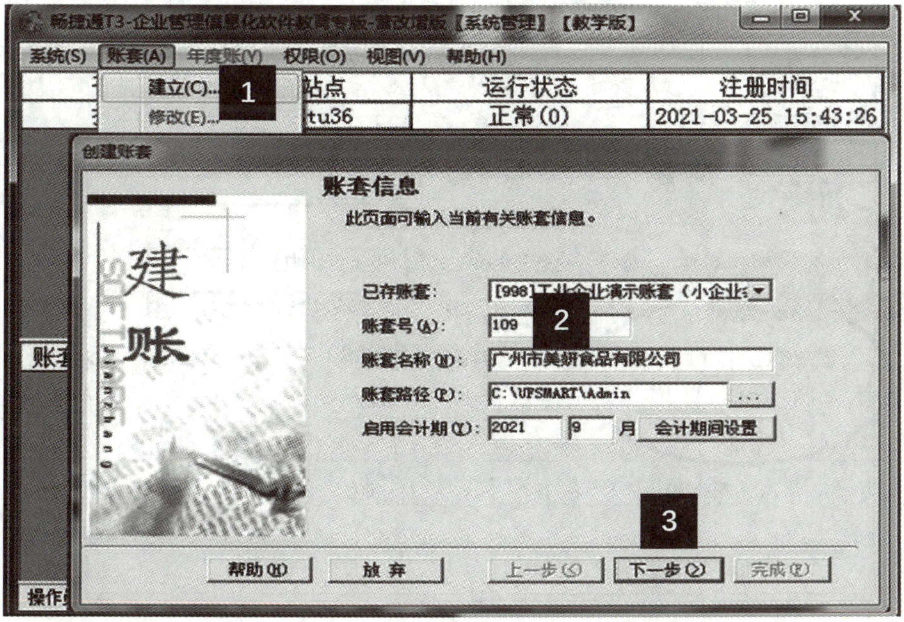

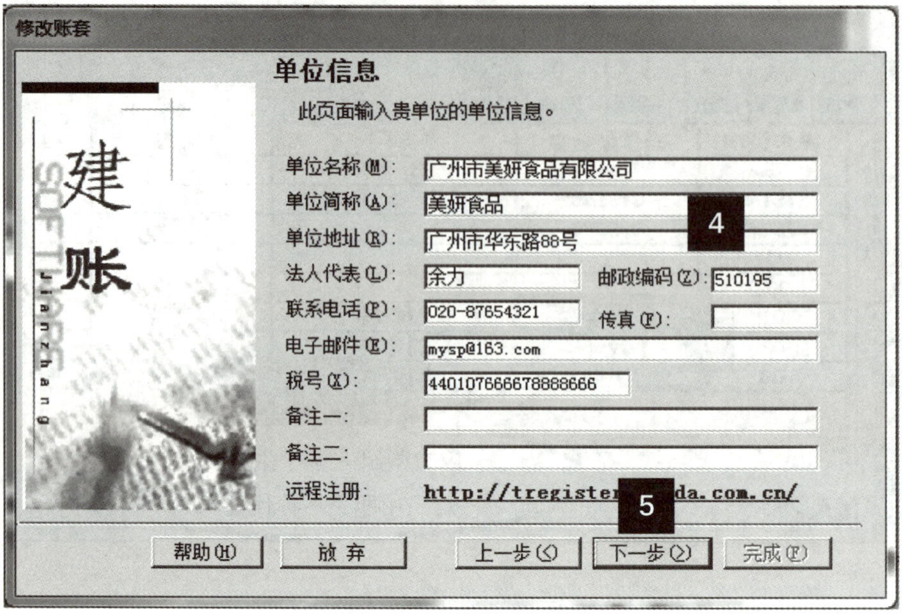

（2）设置核算类型及分类信息。

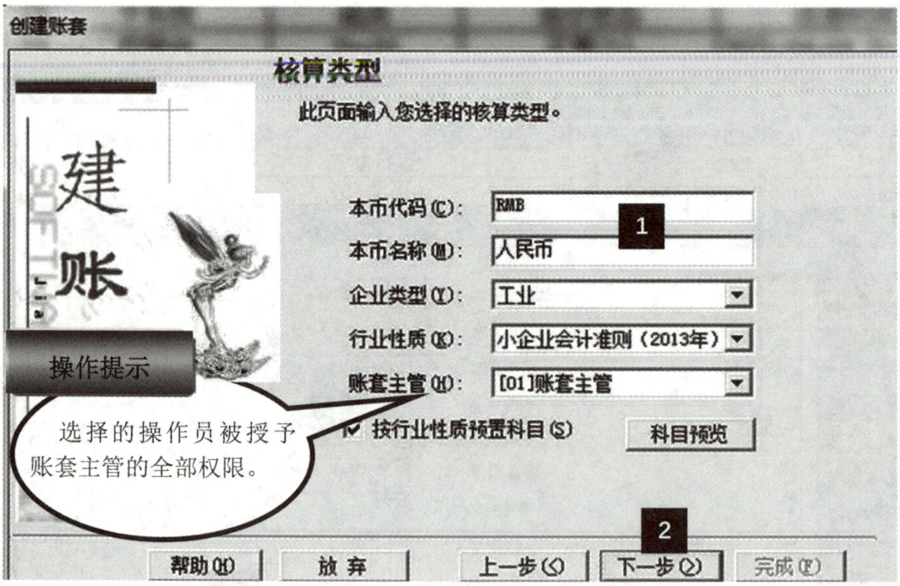

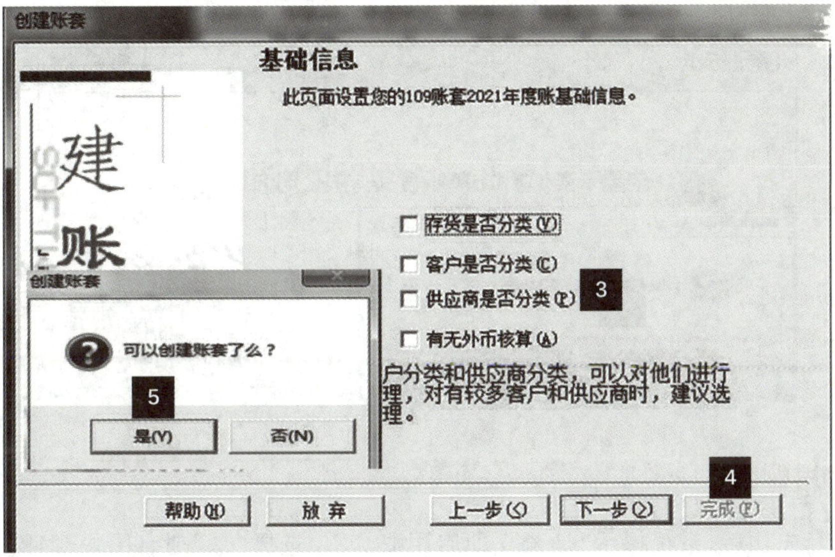

(3) 确定编码方案及数据精度(科目编码级次为 4-2-2-2-2,其余均采用系统默认值)。

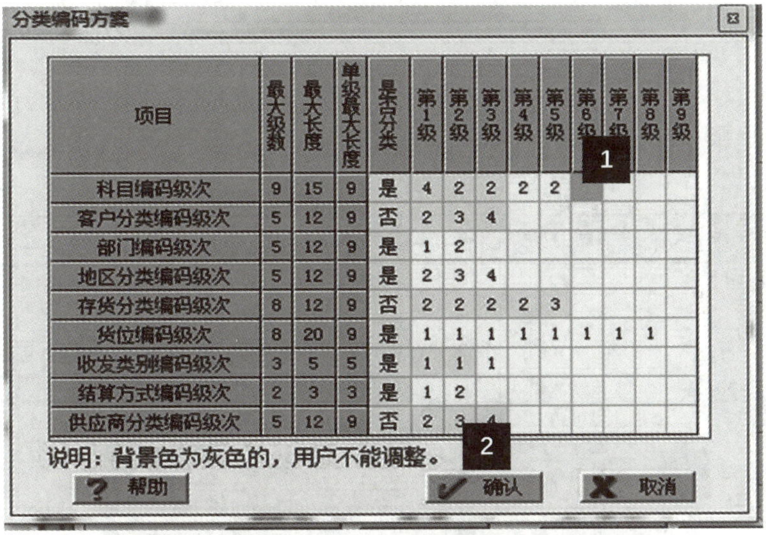

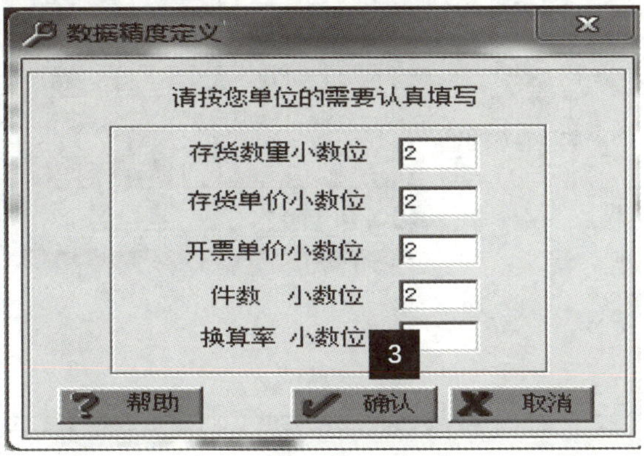

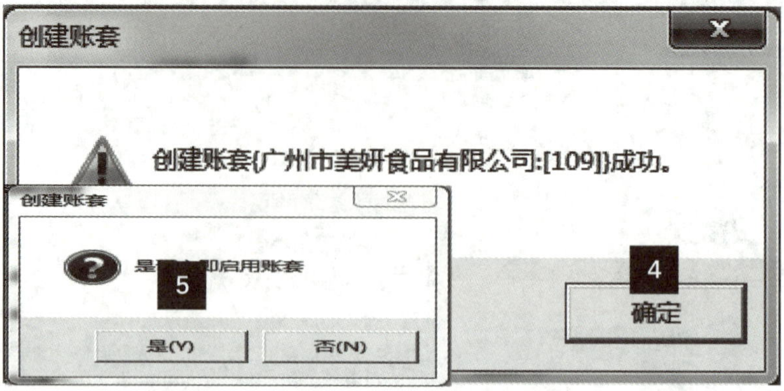

二、启用账套

创建账套成功后，系统提示“是否立即启用账套”。选择“是”则启用账套，选择“否”则退出。如果选择“否”，以后还可以以账套主管的身份进入系统管理，再次启用账套。

1. 启动总账子系统

操作步骤

选择“GL 总账”→选择日期→[确定]→[是]。

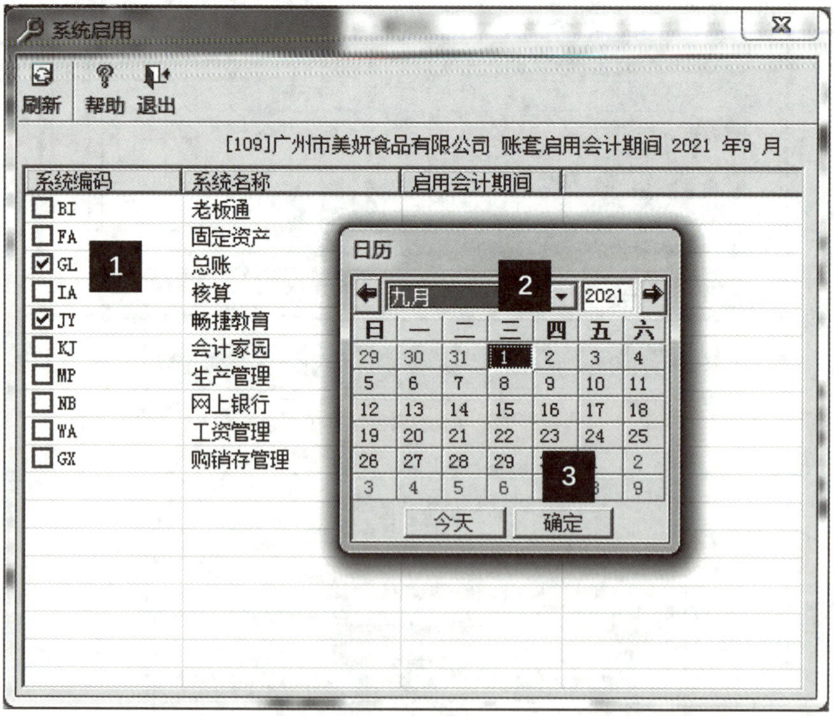

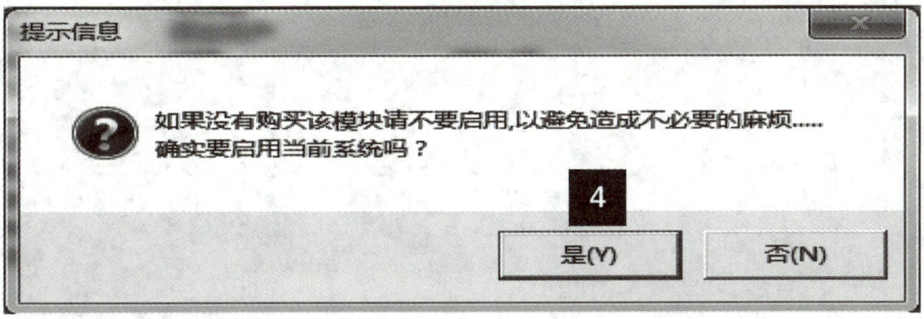

技能拓展

账套信息的修改和启用

启用总账模块后，如果发现账套信息需要修改，如会计科目编码输入错误、系统模块勾选错误等，可以用账套主管的身份修改账套信息和重新选择系统模块，不需要重新建立账套。

修改账套信息

[系统]→[注销]→[系统]→[注册]→选择账套主管 01 注册→[账套]→[修改]。

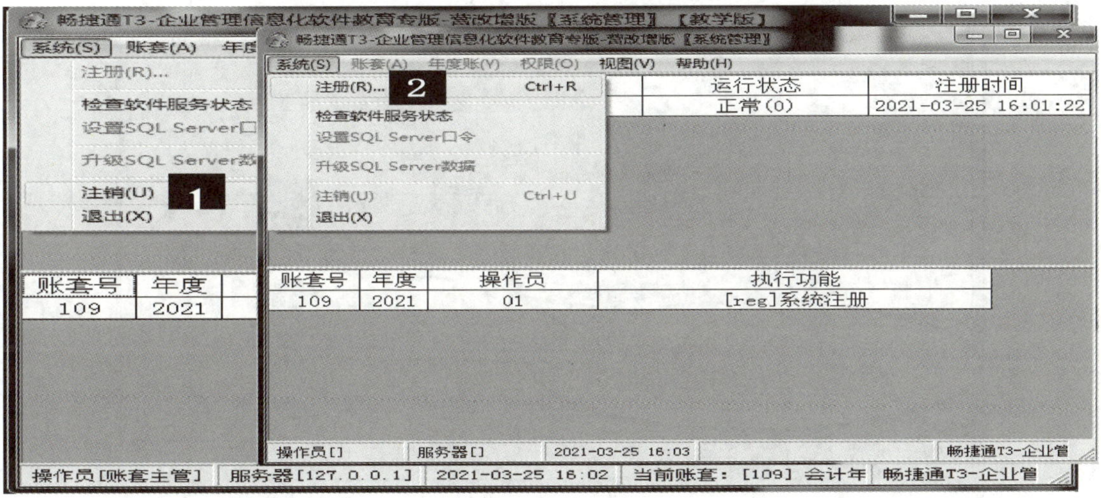

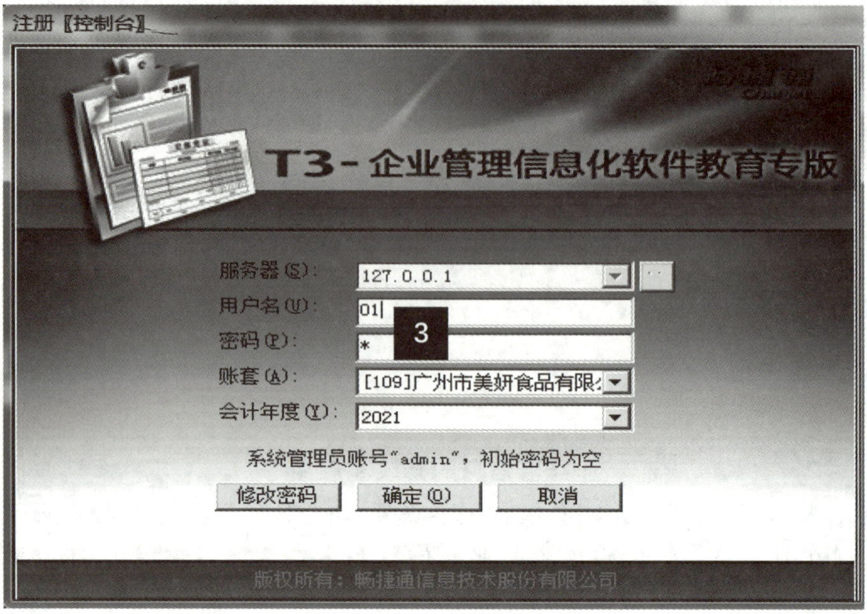

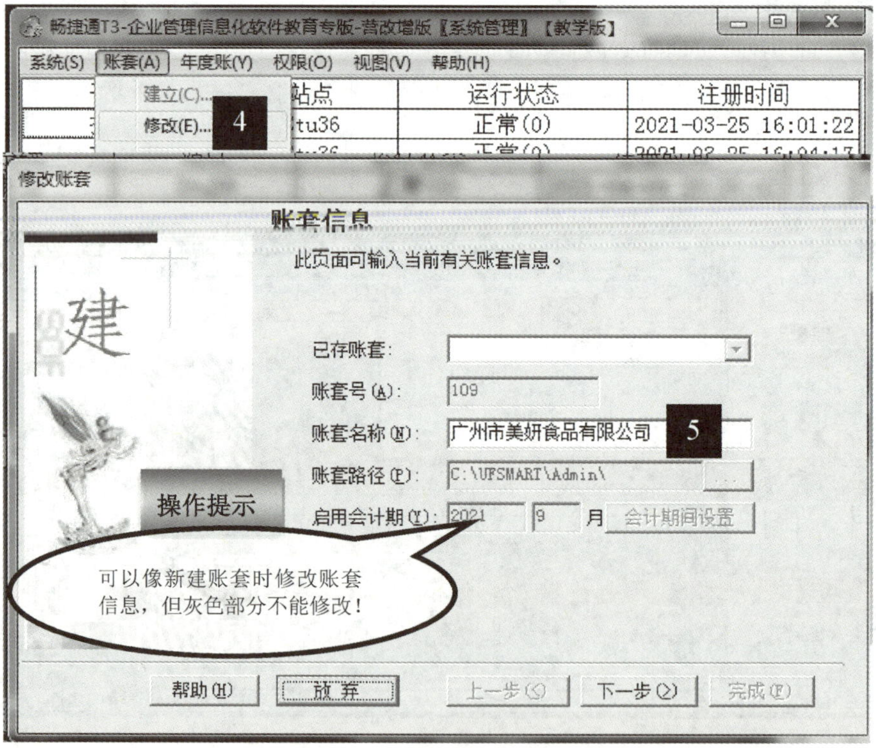

重新启用系统模块

[系统]→[注销]→[系统]→[注册]→[账套主管01]→[账套]→[系统启用]。

2. 设置操作员权限

编　　号	岗　　位	权　　　　限
01	账套主管	全部权限：审核、记账、结账、报表。
02	会计	公用目录设置，总账中除“审核”“恢复记账前状态”“出纳签字”以外的所有权限。
03	出纳	公用目录设置、现金管理、总账中的“出纳签字”权限。

操作步骤

1）账套主管的权限

以系统管理员 admin 身份登陆［系统管理］→［权限］→［权限］→选择账套主管的姓名→选择 2021 年度 109 账套→账套主管前的复选框自动打“√”（因创建账套时选 01 操作员为账套主管），表明此人已具有账套主管的全部权限→［退出］。

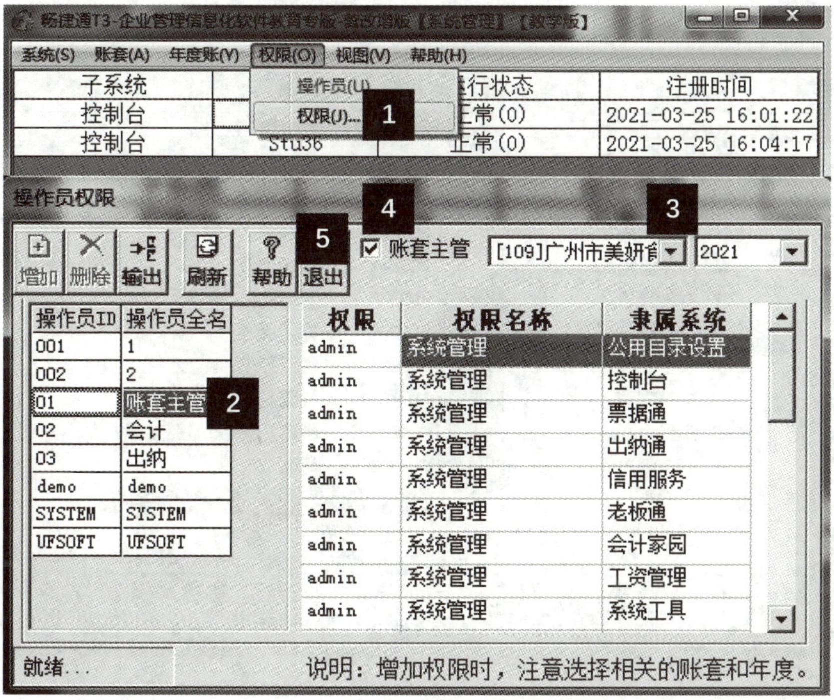

2）会计、出纳的权限

［权限］→［权限］→选择 2021 年度 109 账套→选择会计的姓名→［增加］→双击选择具体的权限→［确定］→选择出纳的姓名→［增加］→双击选择具体的权限→［确定］→［退出］。

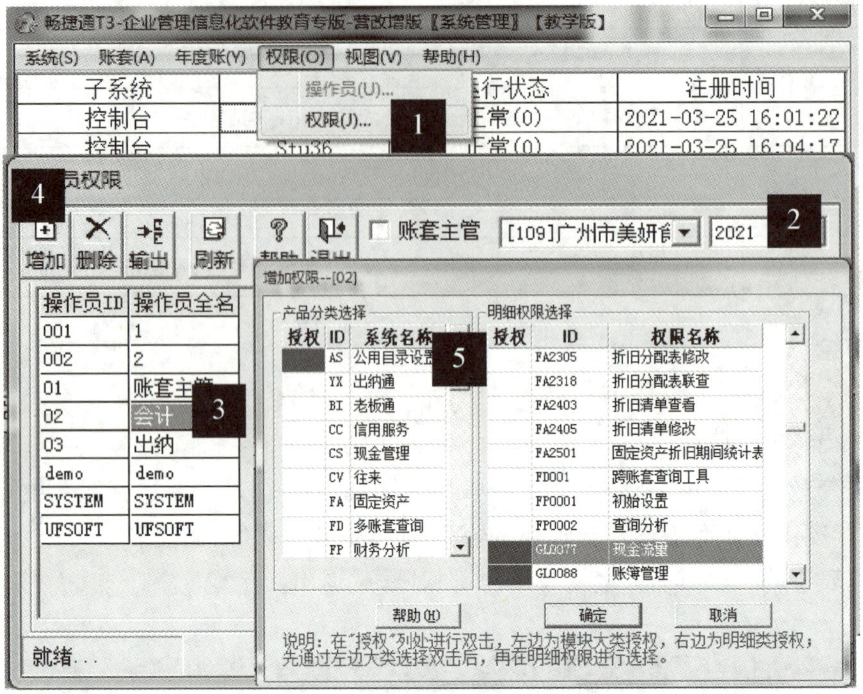

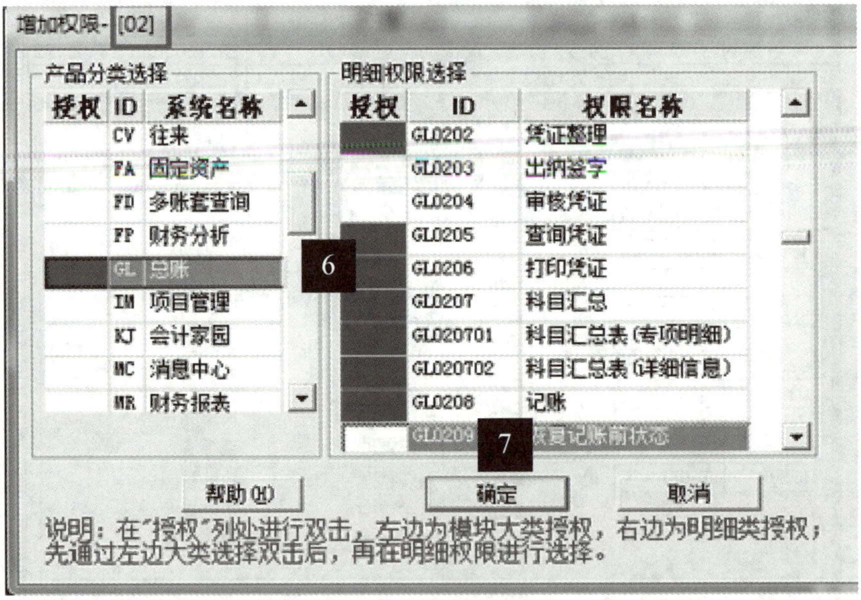

技能拓展

账套的备份与引入

账套建立后，企业不仅要做好数据备份工作，还要处理好信息化系统的安全问题。会计电算化系统会自动进行备份，但因为财务数据的重要性，需要定期进行手工备份，将账套信息存储到指定路径的存储器中。

账套备份

［系统管理］→［系统］→［注册］→用户名：admin→［确定］→［账套］→［备份］→选择要备份的账套 109→［确认］→选择存放账套的驱动器和文件夹→［确认］→［确定］。

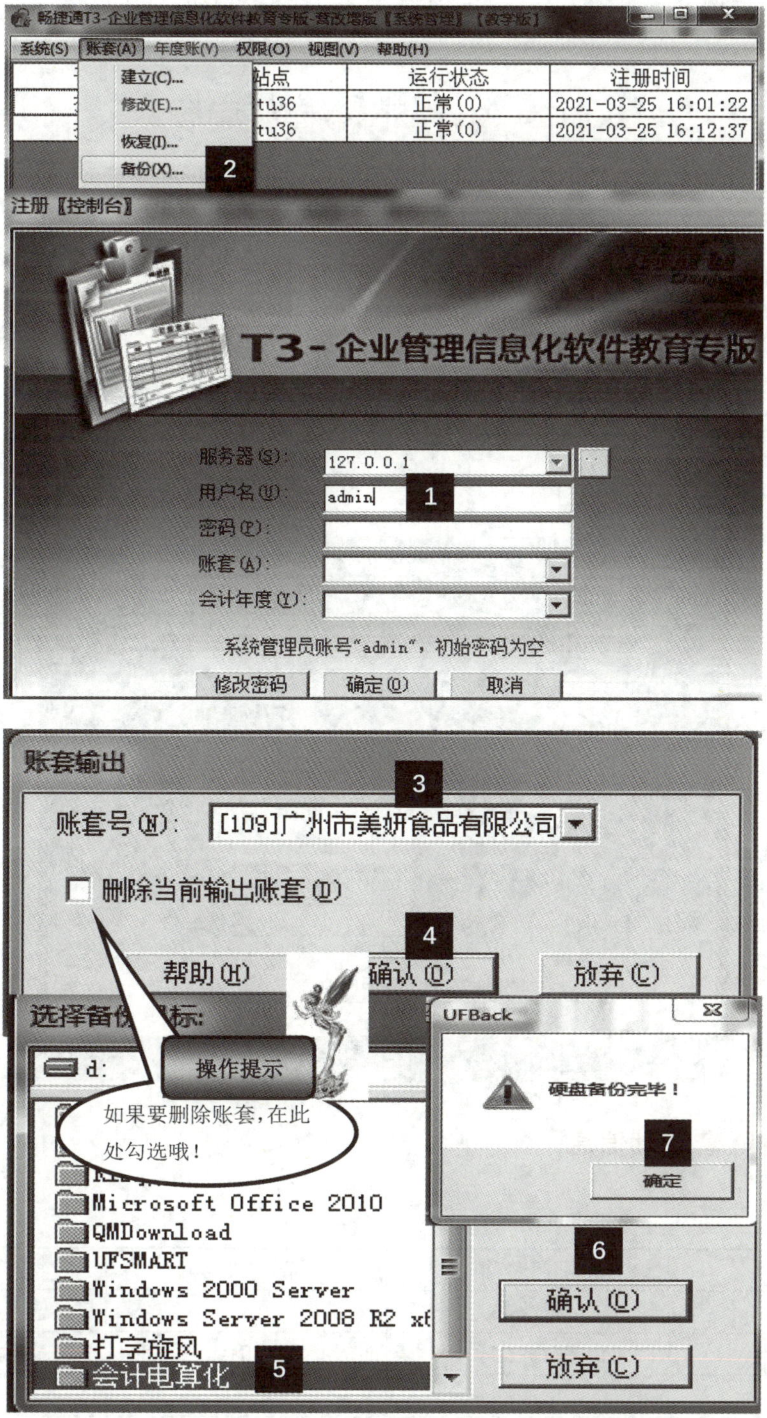

账套引入

[系统管理]→[系统]→[注册]→选择 admin 注册→[账套]→[恢复]→选择要恢复的账套 109→[UF2Kact.Lst]→[打开]→[账套引入成功]→[确定]。

注意:账套数据的备份和引入只能以系统管理员(admin)的身份进行。

任务 3　总账系统初始化

操作背景

成功建立账套后,首先要对账套进行基础信息的设置。

系统初始化的操作需要以账套主管的身份启动畅捷通 T3 软件,具体操作方法如下:

[T3-企业管理信息化软件]→输入用户名:01→密码:1→选择账套:109 广州市美妍食品有限公司→会计年度:2021→操作日期:2021-09-01→[确定]。

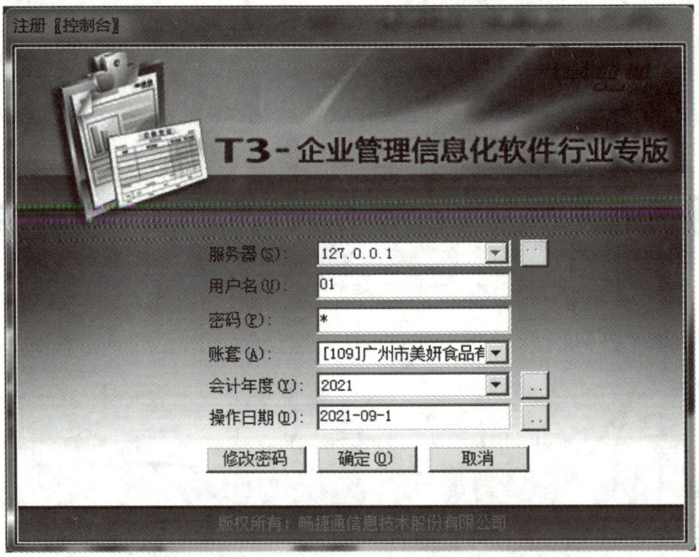

一、设置账套基础信息

1. 设置部门档案

部门编号	部门名称	部门编号	部门名称
1	行政部	4	销售部(专设)
2	财务部	5	运输部
3	生产部		

操作步骤

[基础设置]→[机构设置]→[部门档案]→[增加]→输入各部门信息→[退出]。

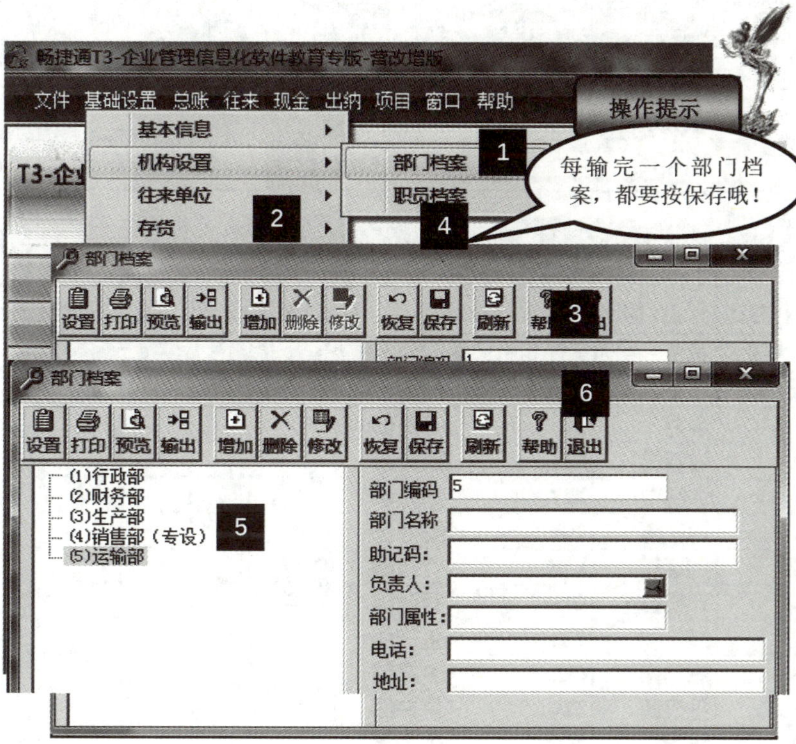

2. 设置职员档案

职员编号	职员名称	所属部门	职员编号	职员名称	所属部门
001	余力	行政部	011	冯一航	生产部
002	陈智勇	财务部	012	李土清	生产部
003	许钰莹	财务部	013	徐丽盈	生产部
004	钟秋梅	财务部	014	张晓君	生产部
005	刘嘉辉	行政部	015	郭慧	生产部
006	郭妍铃	行政部	016	钟依年	销售部
007	郑诗韵	生产部	017	赖文丝	销售部
008	陈露露	生产部(车间管理)	018	黄钰祺	销售部
009	王婉茜	生产部(车间管理)	019	黄素敏	运输部
010	杨国庆	生产部	020	范晓琳	运输部

操作步骤

[基础设置]→[机构设置]→[职员档案]→输入各职员档案数据→[退出]。

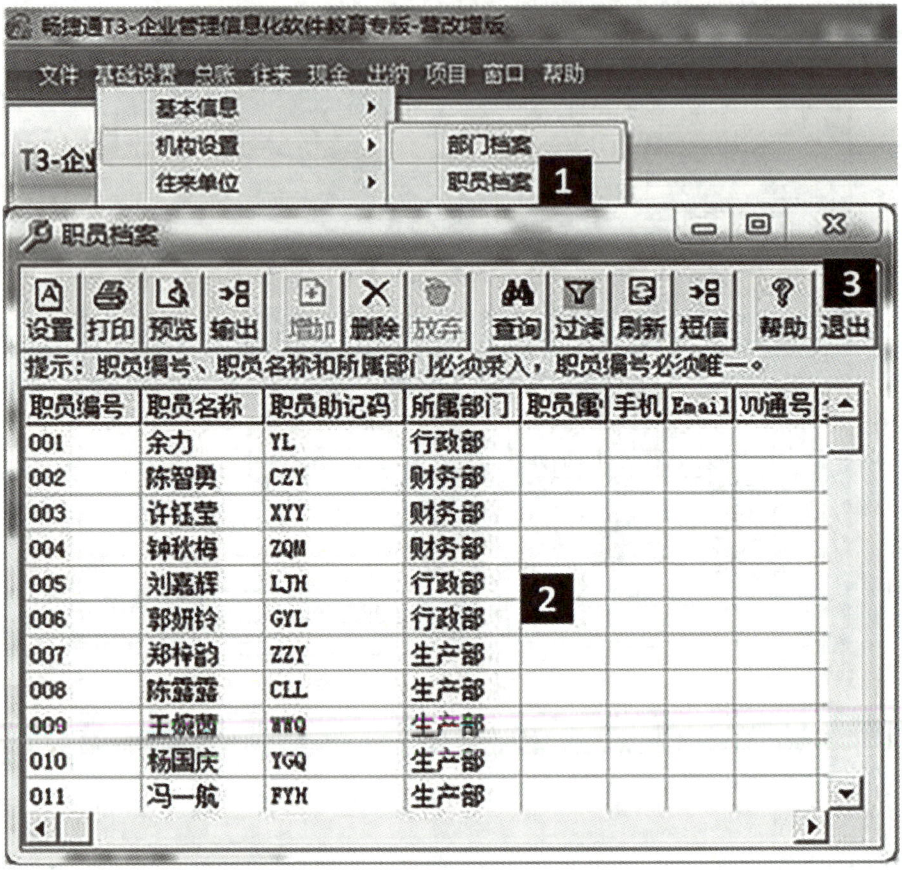

3. 设置客户档案

编码	客户名称	纳税人识别号	地 址/电 话	开户银行	开户账号
001	厦门市益佳有限公司	440102567891236664	厦门市兴安路25号 0592-66554433	工行兴安支行	9988776600
002	太原市新好有限公司	142701340098806660	太原市迎海路1号 0351-8756233	工行迎海支行	8877665500
003	广州市可可零食屋	440141936742126664	广州市建安路12号 020-84321111	建行建安支行	7766554400
004	长沙市加福有限公司	430100087623416662	长沙市芙蓉中路888号美丽大厦一楼 0731-54231564	工行宜安支行	4665778998

操作步骤

[基础设置]→[往来单位]→[客户档案]→选择无分类→[增加]→输入第一个客户档案→[保存]→输入其他客户档案→[退出],依次输入其余客户档案。

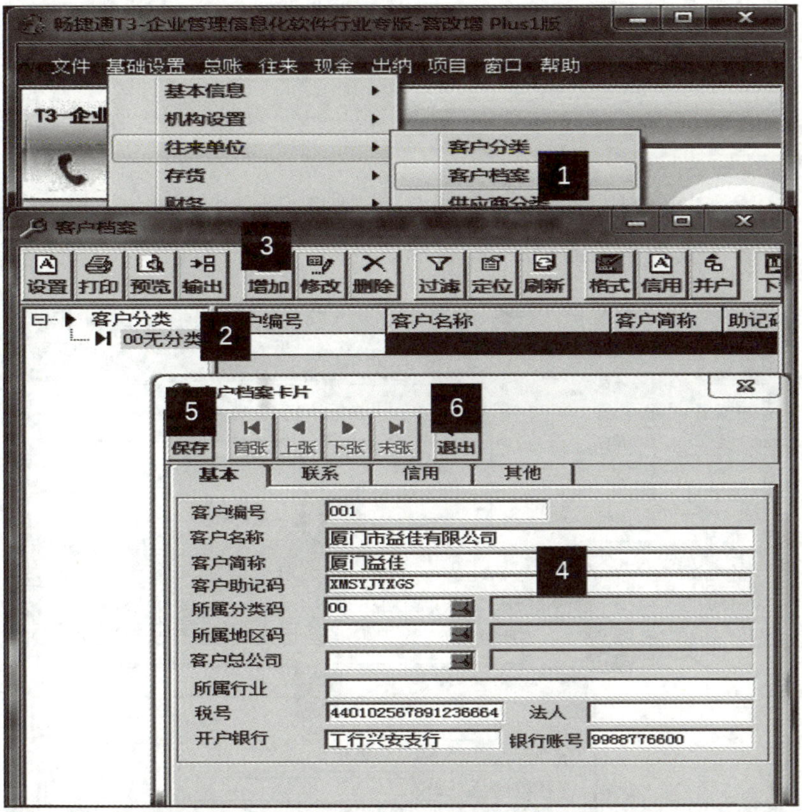

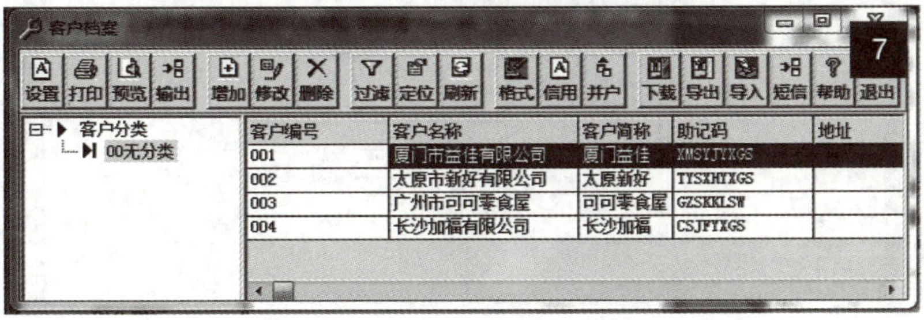

4. 设置供应商档案

编码	供应商名称	纳税人识别号	地 址/电 话	开户银行	开户账号
001	广州市乐多食品有限公司	440103456706736664	广州市兴华路 68 号 020-68754967	建行白云支行	2232425262

（续表）

编码	供应商名称	纳税人识别号	地 址/电 话	开户银行	开户账号
002	上海市美乐食品有限公司	310115740664476668	上海市龙华北路 900 号 021-63332225	中行海清支行	2131415161
003	深圳市汇源食品有限公司	440208654306646664	深圳华强路 54 号 0755-87655442	工行泰安支行	3134245363

操作步骤

[基础设置]→[往来单位]→[供应商档案]→选择无分类→[增加]→输入第一个供应商档案→[保存]→输入其他供应商档案→[退出]。

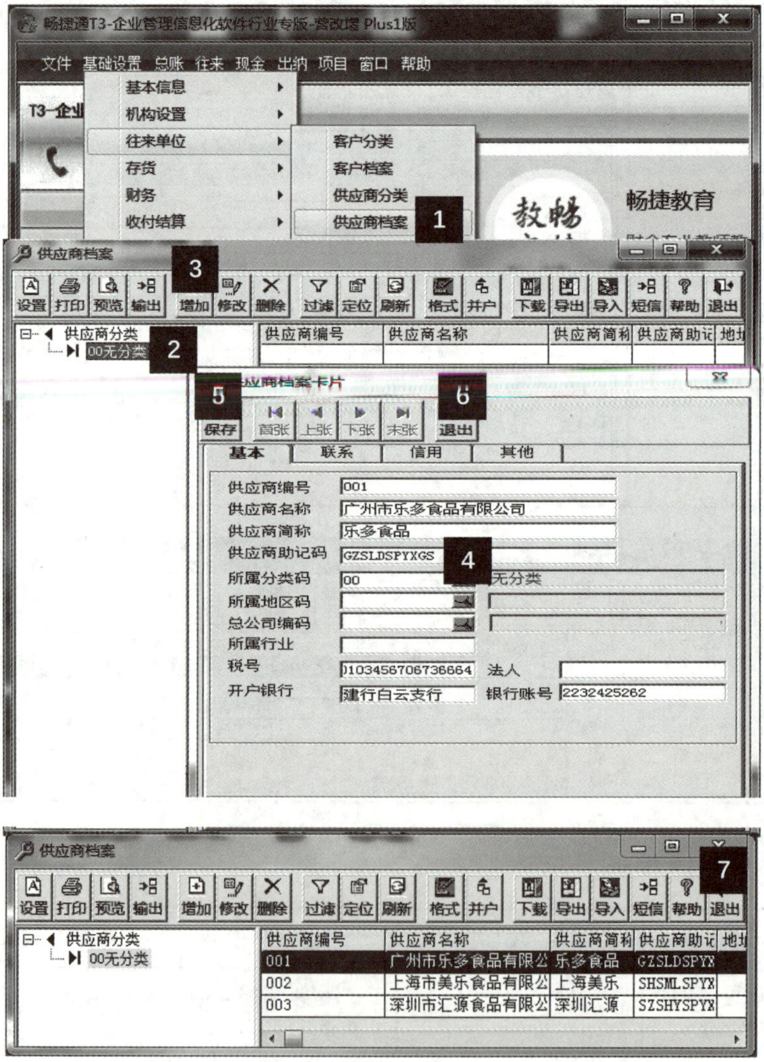

5. 设置结算方式

编　码	结算方式名称	票据管理	编　码	结算方式名称	票据管理
1	现金		4	商业汇票	是
2	支票	是	5	汇兑	是
3	银行汇票	是	6	转账	是

操作步骤

［基础设置］→［收付结算］→［结算方式］→［增加］→输入第一种结算方式→［保存］→输入其他结算方式数据→［保存］→［退出］。

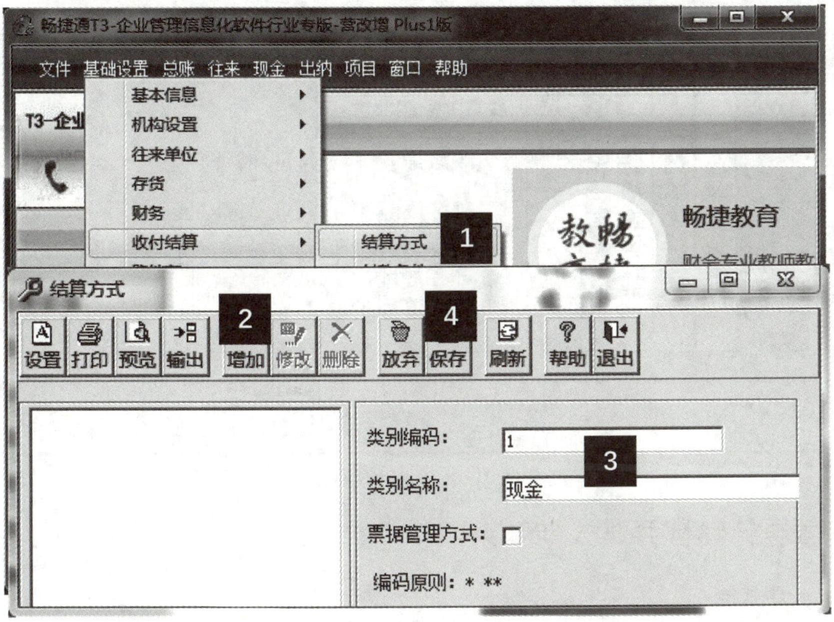

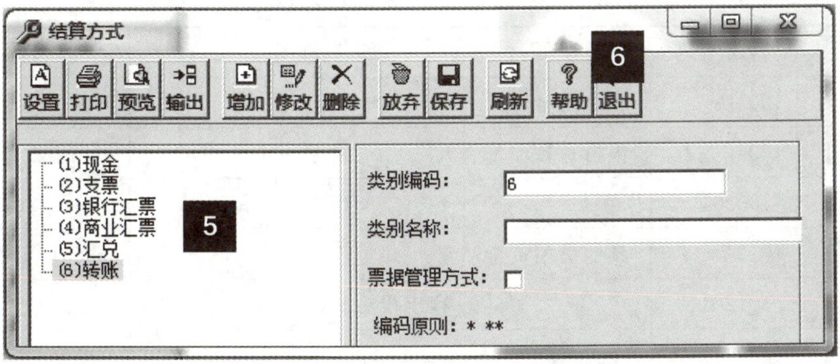

6. 设置凭证类别

操作步骤

［基础设置］→［财务］→［凭证类别］→选择记账凭证→［确定］。

二、设置会计科目并录入期初余额

1. 设置会计科目

2021 年 8 月 31 日账户资料

类型	级次	科目编码	总账科目	明细科目	辅助项目	账簿格式
资产	1	1001	库存现金		日记账	金额式
资产	1	1002	银行存款		日记账	金额式
资产	2	100201		建行广州市东田支行		金额式
资产	1	1012	其他货币资金			金额式
资产	2	101201		存出投资款		金额式
资产	1	1122	应收账款			金额式

（续表）

类型	级次	科目编码	总账科目	明细科目	辅助项目	账簿格式
资产	2	112201		厦门市益佳有限公司	客户往来	金额式
资产	2	112202		太原市新好有限公司	客户往来	金额式
资产	2	112203		长沙市加福有限公司	客户往来	金额式
资产	1	1221	其他应收款			金额式
资产	2	122101		李小利	个人往来	金额式
资产	1	1231	坏账准备			金额式
资产	1	1402	在途物资			金额式
资产	2	140201		广州市乐多食品有限公司		金额式
资产	2	140202		上海市美乐食品有限公司		金额式
资产	2	140203		深圳市汇源食品有限公司		金额式
资产	1	1403	原材料			金额式
资产	2	140301		可可液块（500 千克，每千克 45.00 元）	数量核算	数量金额式
资产	2	140302		奶粉（180 千克，每千克 90.00 元）	数量核算	数量金额式
资产	2	140303		白砂糖（200 千克，每千克 5.20 元）	数量核算	数量金额式
资产	2	140304		乳化剂（200 千克，每千克 15.00 元）	数量核算	数量金额式
资产	2	140305		食用香料（100 千克，每千克 85.00 元）	数量核算	数量金额式
资产	2	140306		坚果（100 千克，每千克 52.00 元）	数量核算	数量金额式
资产	1	1405	库存商品			金额式
资产	2	140501		纯巧克力（1 400 盒，每盒 26.00 元）	数量核算	数量金额式
资产	2	140502		牛奶巧克力（2 000 盒，每盒 24.00 元）	数量核算	数量金额式
资产	2	140503		果仁巧克力（1 700 盒，每盒 25.00 元）	数量核算	数量金额式
资产	1	1411	周转材料			金额式
资产	2	141101		包装物	数量核算	金额式
资产	3	14110101		包装盒（8 000 盒，每盒 3.20 元）	数量核算	数量金额式
资产	2	141102		低值易耗品	数量核算	金额式

（续表）

类型	级次	科目编码	总账科目	明细科目	辅助项目	账簿格式
资产	3	14110201		故障警示牌（5个，每个60.00元）	数量核算	数量金额式
资产	3	14110202		棉纱手套（100双，每双2.00元）	数量核算	数量金额式
资产	1	1601	固定资产			金额式
资产	2	160101		房屋及建筑物		金额式
资产	2	160102		机器设备		金额式
资产	3	16010201		精磨机 JMJ40		金额式
资产	2	160103		运输工具		金额式
资产	2	160104		其他设备		金额式
资产	1	1602	累计折旧			金额式
资产	1	1701	无形资产			金额式
资产	2	170101		商标使用权		金额式
负债	1	1702	累计摊销			金额式
负债	1	2001	短期借款			金额式
负债	2	200101		建行广州市东田支行		金额式
负债	1	2201	应付票据			金额式
负债	2	220101		江苏省盐力机械有限公司		金额式
负债	1	2202	应付账款			金额式
负债	2	220201		广州市乐多食品有限公司	供应商往来	金额式
负债	2	220202		上海市美乐食品有限公司	供应商往来	金额式
负债	2	220203		广州市供电分公司		金额式
负债	2	220204		广州市自来水公司		金额式
负债	1	2211	应付职工薪酬			金额式
负债	2	221101		职工工资		金额式
负债	2	221102		职工福利费		金额式
负债	2	221103		社会保险费		金额式
负债	2	221104		住房公积金		金额式
负债	1	2221	应交税费			金额式
负债	2	222101		应交增值税		金额式
负债	3	22210101		进项税额		金额式
负债	3	22210102		已交税金		金额式
负债	3	22210106		销项税额		

（续表）

类型	级次	科目编码	总账科目	明细科目	辅助项目	账簿格式
负债	3	22210107		进项税额转出		金额式
负债	2	222102		待抵扣进项税额		金额式
负债	2	222103		应交城市维护建设税		金额式
负债	2	222104		应交教育费附加		金额式
负债	2	222105		应交个人所得税		金额式
负债	2	222106		应交所得税		金额式
负债	1	2231	应付利息			金额式
负债	1	2241	其他应付款			金额式
负债	2	224101		社会保险费		金额式
负债	3	22410101		养老保险费		金额式
负债	3	22410102		失业保险费		金额式
负债	3	22410103		医疗保险费		金额式
负债	2	224102		住房公积金		金额式
负债	1	2501	长期借款			金额式
负债	2	250101		建行广州市东田支行		金额式
所有者权益	1	3001	实收资本			金额式
所有者权益	2	300101		余力		金额式
所有者权益	2	300102		刘裕玮		金额式
所有者权益	1	3002	资本公积			金额式
所有者权益	2	300201		资本溢价		金额式
所有者权益	1	3101	盈余公积			金额式
所有者权益	2	310101		法定盈余公积金		金额式
所有者权益	1	3103	本年利润			金额式
所有者权益	1	3104	利润分配			金额式
所有者权益	2	310401		未分配利润		金额式

（续表）

类型	级次	科目编码	总账科目	明细科目	辅助项目	账簿格式
成本	1	4001	生产成本			金额式
成本	2	400101		基本生产成本		金额式
成本	3	40010101		纯巧克力		金额式
成本	3	40010102		牛奶巧克力		金额式
成本	3	40010103		果仁巧克力		金额式
成本	2	400102		辅助生产成本		金额式
成本	3	40010201		运输车间		金额式
成本	4	4001020101		社会保险费		金额式
成本	4	4001020102		住房公积金		金额式
成本	4	4001020103		汽油费		金额式
成本	4	4001020104		路桥费		金额式
成本	4	4001020105		水电费		金额式
成本	4	4001020106		工资		金额式
成本	4	4001020107		福利费		金额式
成本	4	4001020108		折旧费		金额式
成本	4	4001020109		低值易耗品摊销		金额式
成本	4	40010201010		其他费用		金额式
成本	1	4101	制造费用			金额式
成本	2	410101		食品加工车间		金额式
成本	3	41010101		社会保险费		金额式
成本	3	41010102		住房公积金		金额式
成本	3	41010103		水电费		金额式
成本	3	41010104		工资		金额式
成本	3	41010105		福利费		金额式
成本	3	41010106		折旧费		金额式
成本	3	41010107		其他费用		金额式
损益	1	5001	主营业务收入			金额式
损益	2	500101		纯巧克力		金额式
损益	2	500102		牛奶巧克力		金额式
损益	2	500103		果仁巧克力		金额式
损益	1	5111	投资收益			金额式
损益	1	5301	营业外收入			金额式

（续表）

类型	级次	科目编码	总账科目	明细科目	辅助项目	账簿格式
损益	1	5401	主营业务成本			金额式
损益	2	540101		纯巧克力		金额式
损益	2	540102		牛奶巧克力		金额式
损益	2	540103		果仁巧克力		金额式
损益	1	5403	税金及附加			金额式
损益	1	5601	销售费用			金额式
损益	2	560101		工资		金额式
损益	2	560102		福利费		金额式
损益	2	560103		折旧费		金额式
损益	2	560104		水电费		金额式
损益	2	560105		广告费		金额式
损益	2	560106		运输费		金额式
损益	3	560107		社会保险费		金额式
损益	3	560108		住房公积金		金额式
损益	3	560109		其他费用		金额式
损益	1	5602	管理费用			金额式
损益	2	560201		工资		金额式
损益	2	560202		福利费		金额式
损益	2	560203		折旧费		金额式
损益	2	560204		水电费		金额式
损益	2	560205		业务招待费		金额式
损益	2	560206		办公费		金额式
损益	2	560207		住房公积金		金额式
损益	2	560208		社会保险费		金额式
损益	2	560209		电话费		金额式
损益	2	560210		差旅费		金额式
损益	2	560211		招聘广告费		金额式
损益	2	560212		报纸杂志费		金额式
损益	2	560213		无形资产摊销		金额式
损益	2	560214		运输费		金额式

（续表）

类型	级次	科目编码	总账科目	明细科目	辅助项目	账簿格式
损益	2	560215		其他费用		金额式
损益	1	5603	财务费用			金额式
损益	2	560301		利息支出		金额式
损益	2	560302		手续费		金额式
损益	2	560303		其他费用		金额式
损益	1	5711	营业外支出			金额式
损益	2	571101		捐赠支出		金额式
损益	1	5801	所得税费用			金额式

操作步骤

1）新建会计科目

［基础设置］→［财务］→［会计科目］→［增加］→增加“2021 年 8 月 31 日账户资料”表中建立账套时没预设的会计科目→［确定］→［退出］。

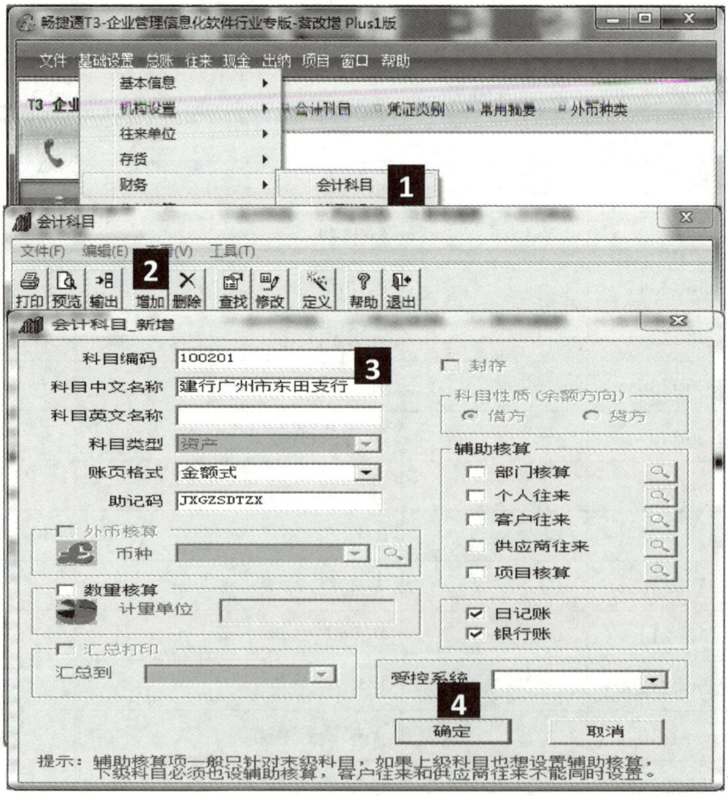

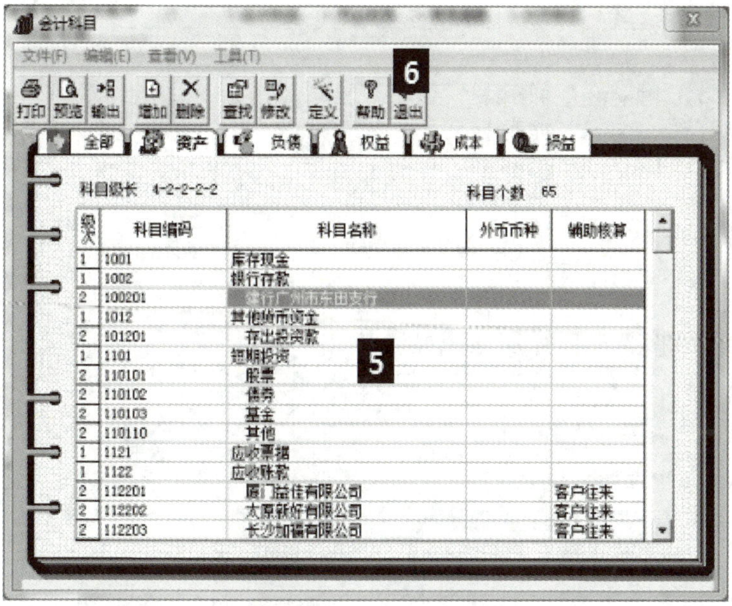

2）修改会计科目

如果已经存在的会计科目有错误，可以对其进行修改，具体操作方法如下：

在“会计科目”窗口选中要修改的科目→[修改]→[修改]→对所选科目进行修改→[确定]。

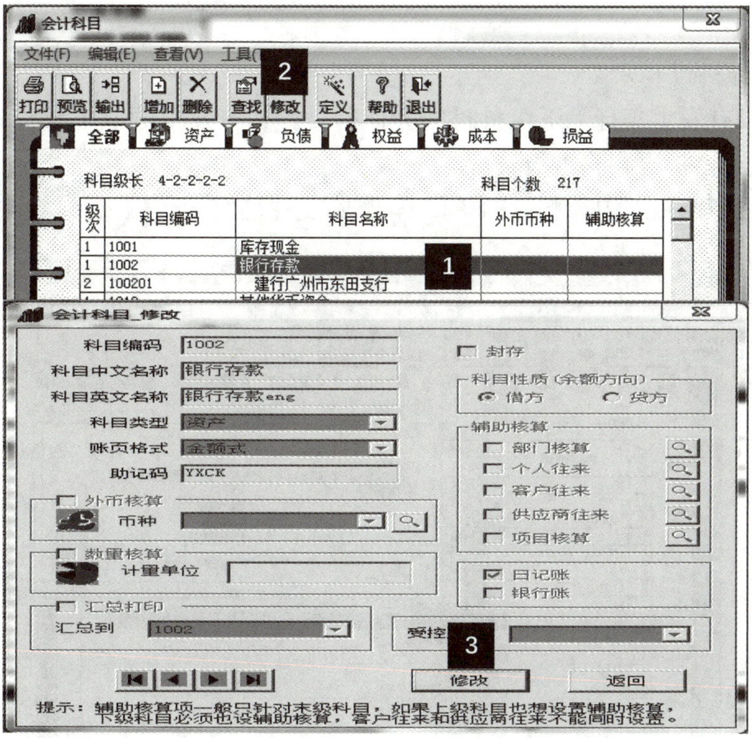

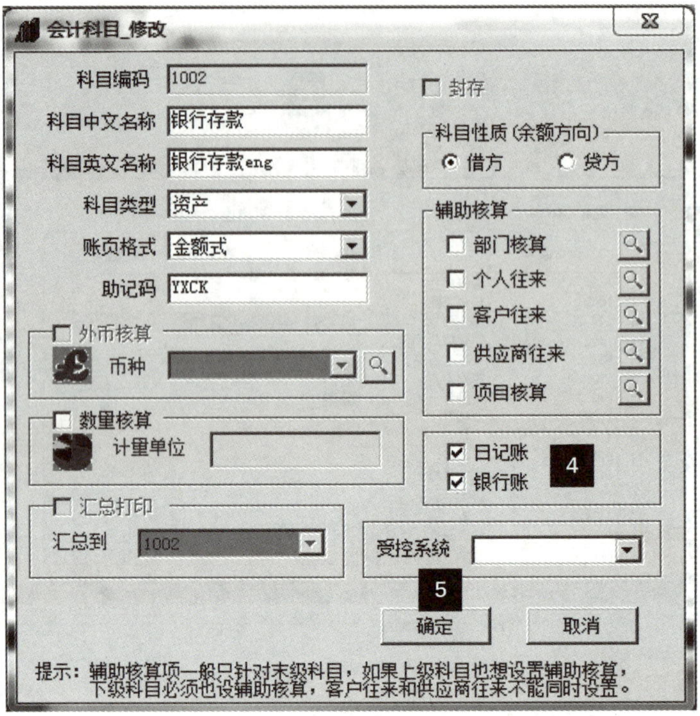

注意：修改已经输入余额的科目前，必须先删除本级以及下级科目的期初余额，否则不能修改。会计科目一经使用，即在记账凭证中出现过，则只能增加同级科目，不能在科目下增设下级科目。

3）删除会计科目

只能删除没有发生额且无下级科目的会计科目。如有发生额或下级科目，应先删除下级科目的余额及科目，再删除本级科目。

在“会计科目”窗口选中要删除的科目→[删除]→[确定]→[退出]。

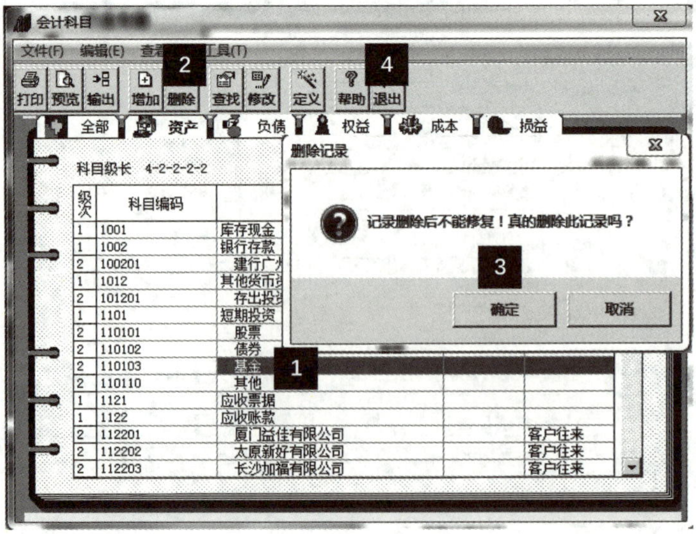

2. 指定会计科目

操作步骤

在“会计科目”窗口执行[编辑]→[指定科目]→单击“现金总账科目”单选按钮→选择“1001 库存现金”→单击[>]将库存现金移入“已选科目”→单击“银行总账科目”单选按钮将“1002 银行存款”选入已选科目→[确认]。

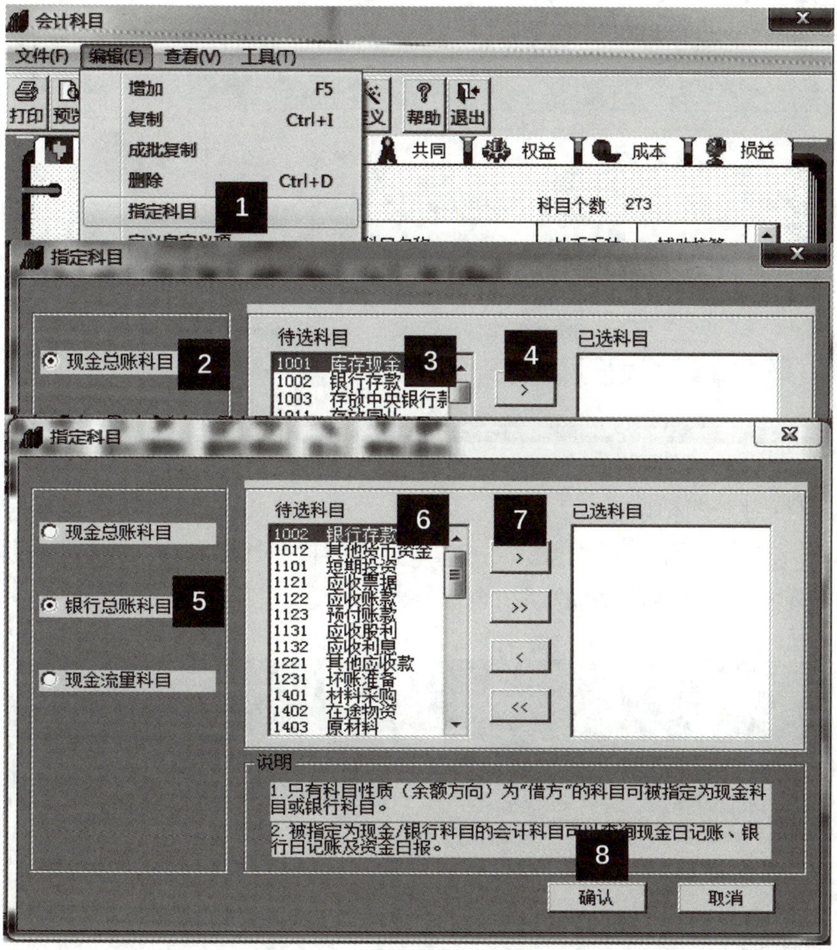

3. 录入期初余额

操作步骤

1）录入会计科目期初余额

[总账]→[设置]→[期初余额]→按“2021 年 8 月 31 日账户资料”表输入各科目的期初余额→[试算]→[确认]→[退出]。

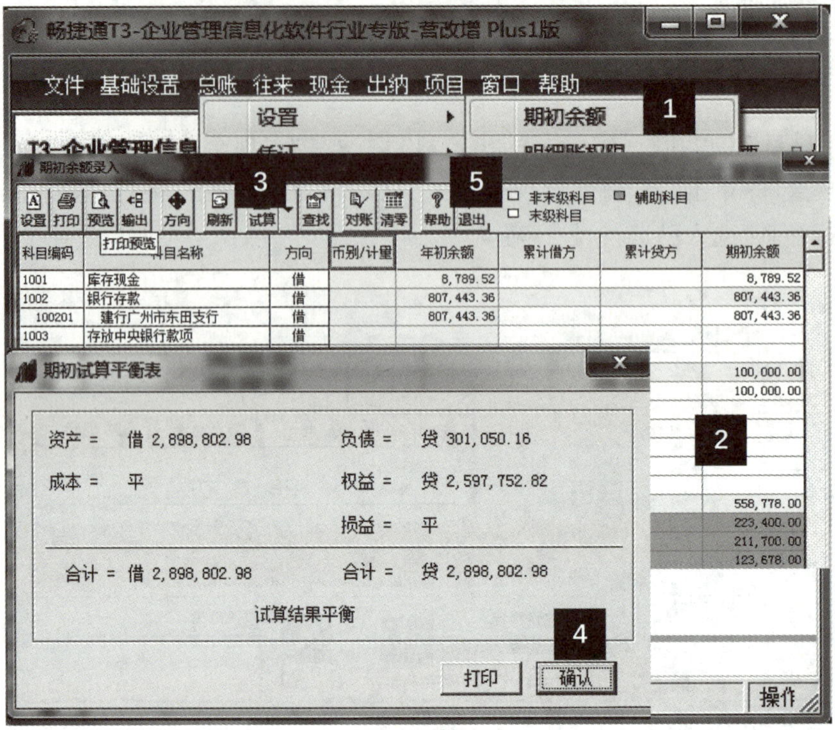

2）录入银行对账期初余额

[现金]→[设置]→[银行期初录入]→选择银行存款会计科目→[确定]→设定启用日期→输入银行日记账和银行对账单的期初余额→[退出]。

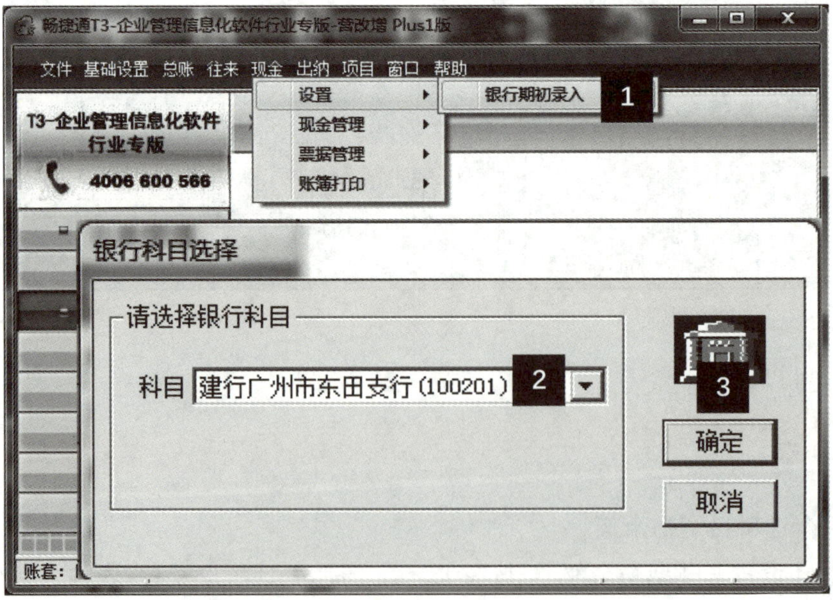

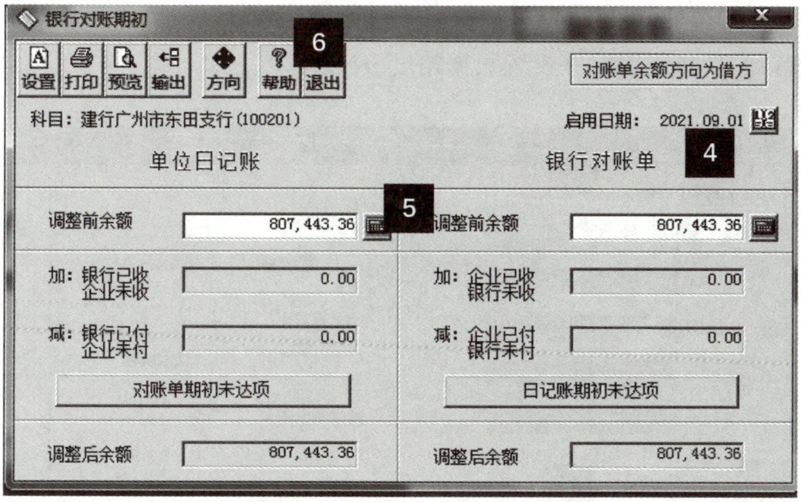

技能拓展

选项设置

首次启动总账系统时，可以根据企业的具体核算要求设置选项中的各种参数。以账套主管或会计的身份注册，并进行选项设置。

设置选项

［总账］→［设置］→［选项］→选择或修改各选项→［确定］。

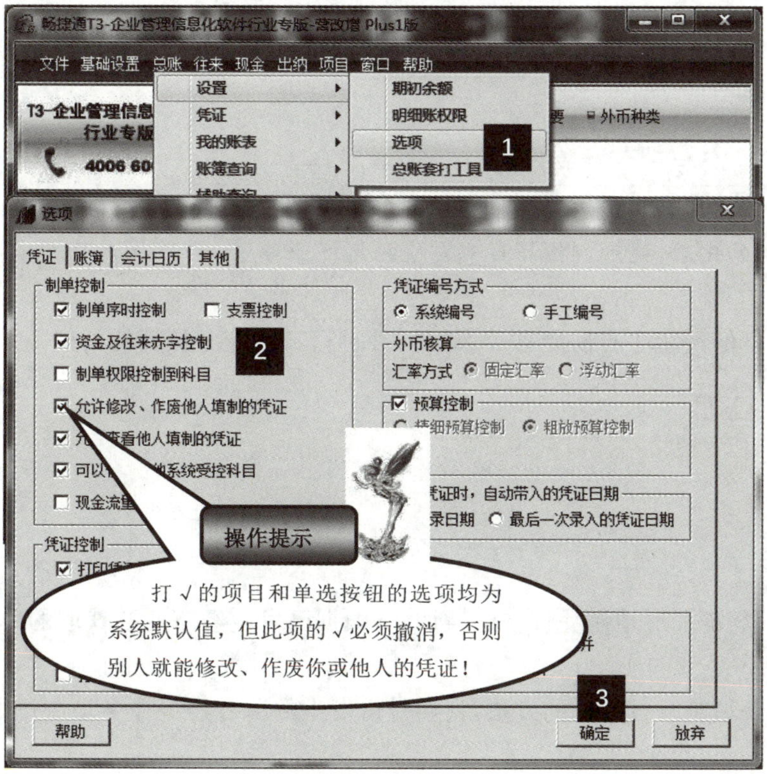

数据精度的设置

在选项窗口中选择[其他]→设置数据精度→[确定]。

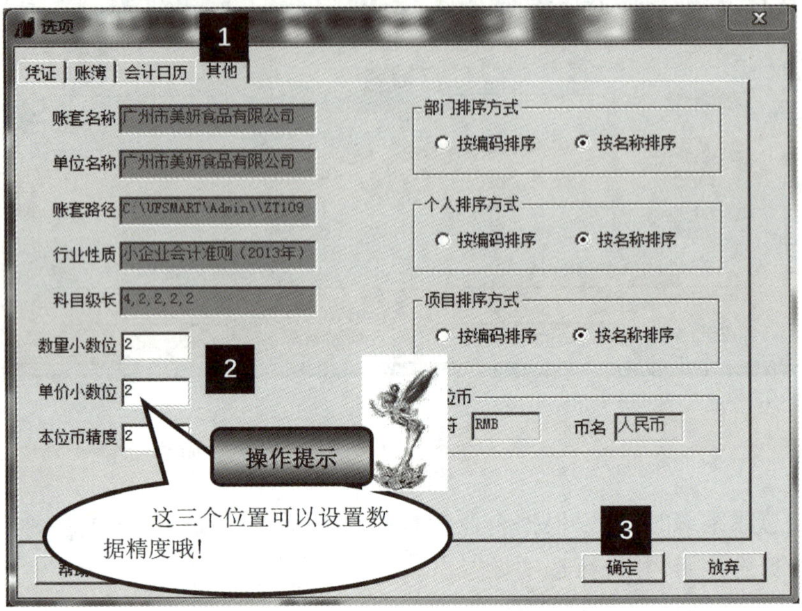

任务4 日常业务核算

操作背景

系统初始化后，就可以核算日常发生的经济业务了。

以会计的身份重新注册畅捷通T3软件，并进行日常业务核算的处理。

一、凭证处理

操作步骤

1. 增加凭证

[总账]→[凭证]→[填制凭证]→[增加]→根据已发生经济业务获取的单据填制记账凭证→[保存]。

按[增加]→填制→[保存]的方法，将9月份发生的所有经济业务填制记账凭证，录入结束后关闭窗口。

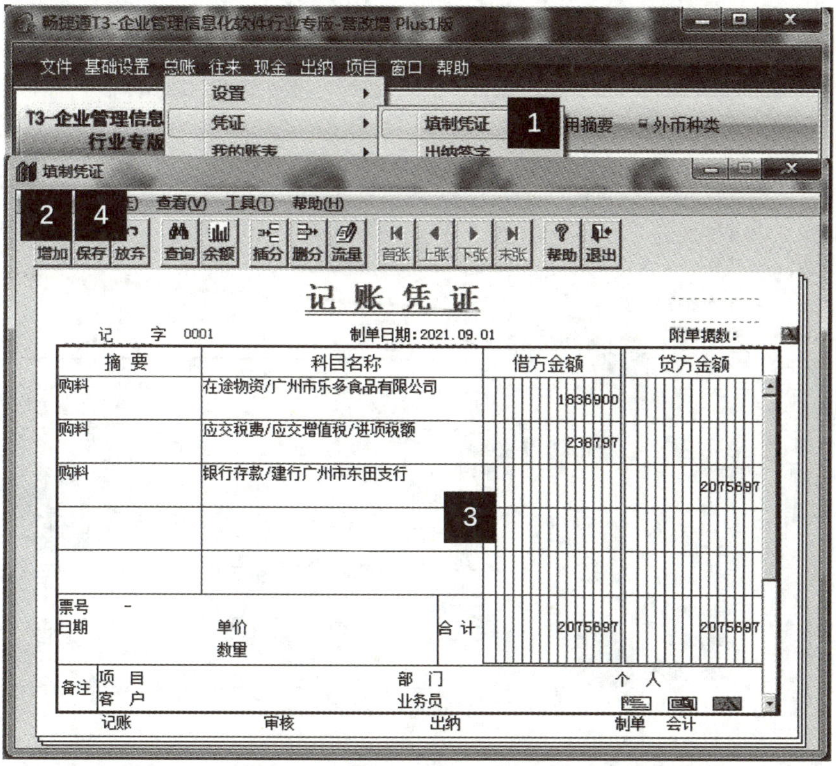

2. 修改凭证

在填制凭证的窗口中→找到要修改的凭证→移到光标到需修改处→直接修改→[保存]。

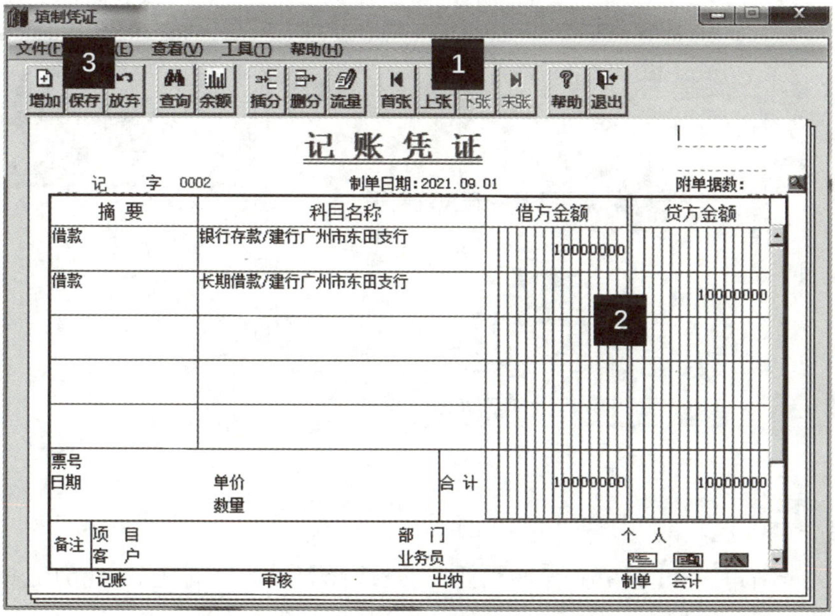

3．删除凭证

在填制凭证的窗口中→[制单]→[作废/恢复]→[制单]→[整理凭证]→选择凭证期间→[确定]→[全选]选定需要删除的凭证→[确定]→[是]整理凭证断号。

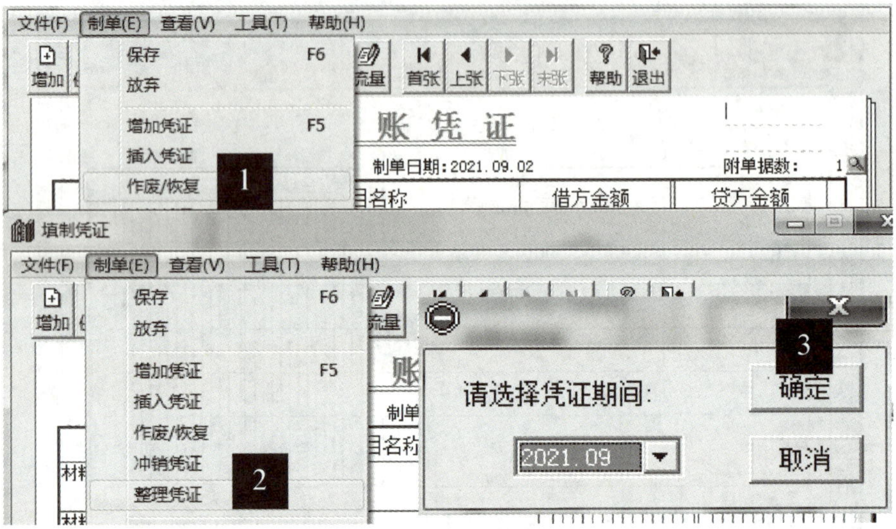

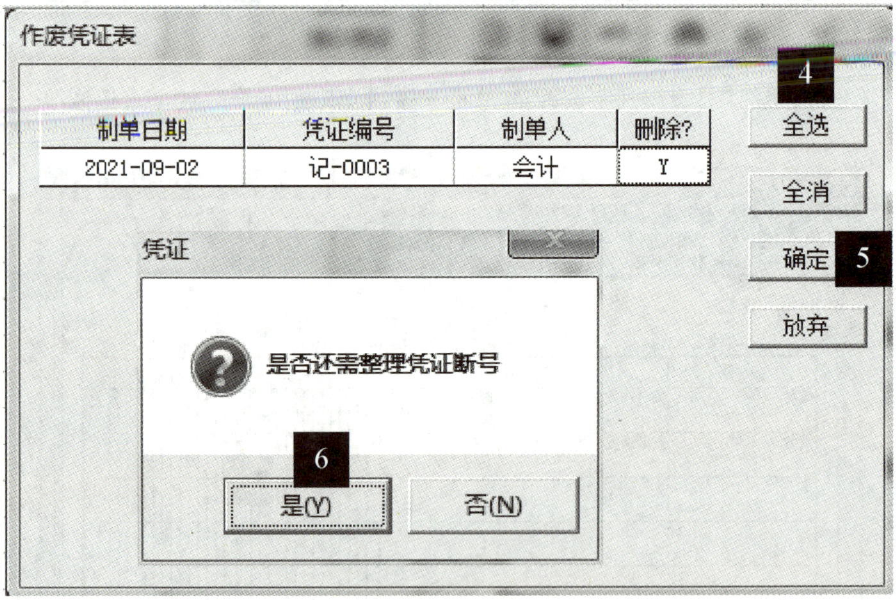

4．冲销凭证

在填制凭证窗口中→[制单]→[冲销凭证]→选择需要冲销的凭证→[确定]→[退出]。冲销凭证一般只冲销上月凭证，本月凭证发现错误采用直接修改凭证的方法。

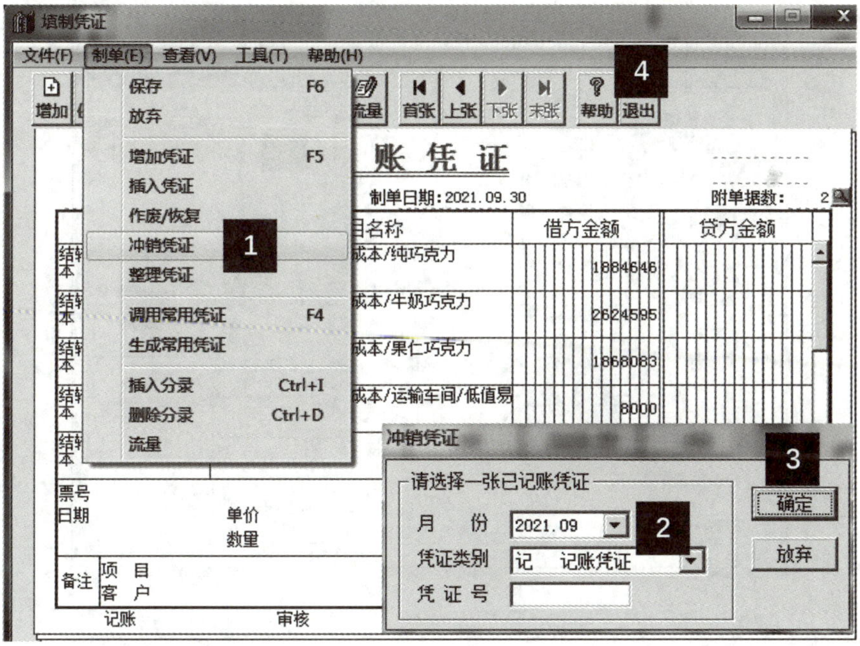

5. 出纳签字

由出纳员登录畅捷通 T3 软件，执行出纳签字的操作。

操作步骤

[总账]→[凭证]→[出纳签字]→选择凭证类别为记账凭证，月份为 2021 年 9 月及全部凭证→[确认]→[确定]→[签字]→[下张]→依次对剩余的所有凭证签字→[退出]。

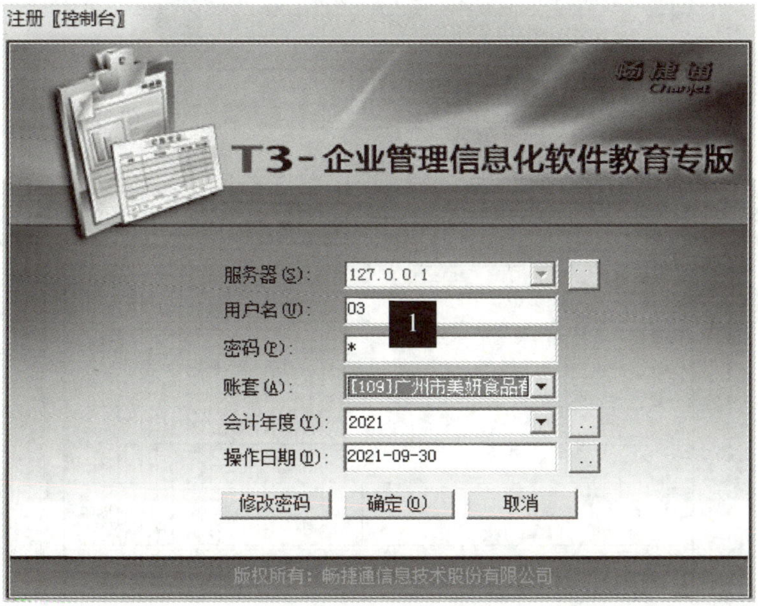

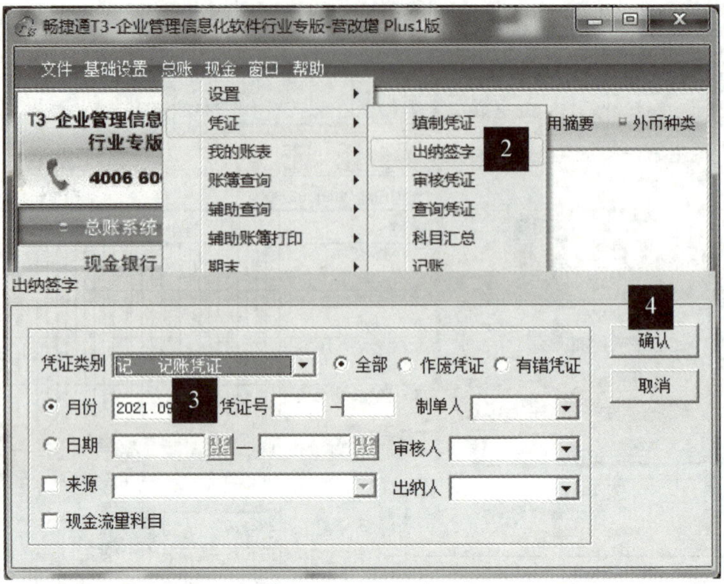
畅捷通T3-企业管理信息化软件行业专版-营改增 Plus1版
文件 基础设置 总账 现金 窗口 帮助
设置
凭证
我的账表
账簿查询
辅助查询
辅助账簿打印
期末
填制凭证
出纳签字
审核凭证
查询凭证
科目汇总
记账
2
用摘要
外币种类
总账系统
现金银行
出纳签字
4
确认
取消
凭证类别 记 记账凭证
全部 作废凭证 有错凭证
月份 2021.09
3
凭证号
制单人
日期
审核人
来源
出纳人
现金流量科目

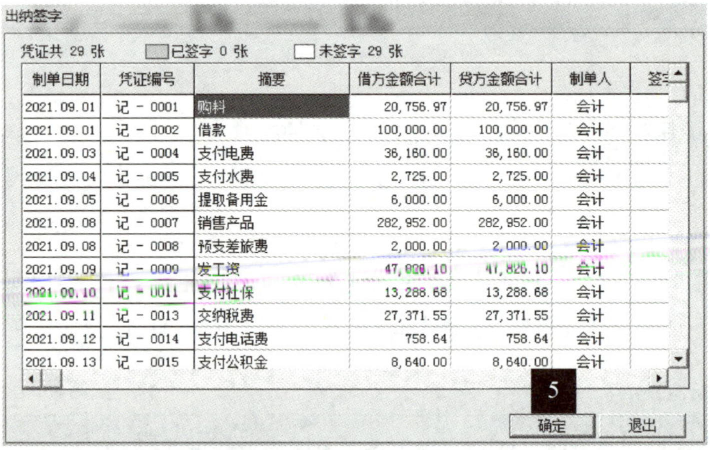
出纳签字
凭证共 29 张 已签字 0 张 未签字 29 张
制单日期 凭证编号 摘要 借方金额合计 贷方金额合计 制单人
2021.09.01 记 - 0001 购料 20,756.97 20,756.97 会计
2021.09.01 记 - 0002 借款 100,000.00 100,000.00 会计
2021.09.03 记 - 0004 支付电费 36,160.00 36,160.00 会计
2021.09.04 记 - 0005 支付水费 2,725.00 2,725.00 会计
2021.09.05 记 - 0006 提取备用金 6,000.00 6,000.00 会计
2021.09.08 记 - 0007 销售产品 282,952.00 282,952.00 会计
2021.09.08 记 - 0008 预支差旅费 2,000.00 2,000.00 会计
2021.09.09 记 - 0009 发工资 47,826.10 47,826.10 会计
2021.09.10 记 - 0011 支付社保 13,288.68 13,288.68 会计
2021.09.11 记 - 0013 交纳税费 27,371.55 27,371.55 会计
2021.09.12 记 - 0014 支付电话费 758.64 758.64 会计
2021.09.13 记 - 0015 支付公积金 8,640.00 8,640.00 会计
5
确定
退出

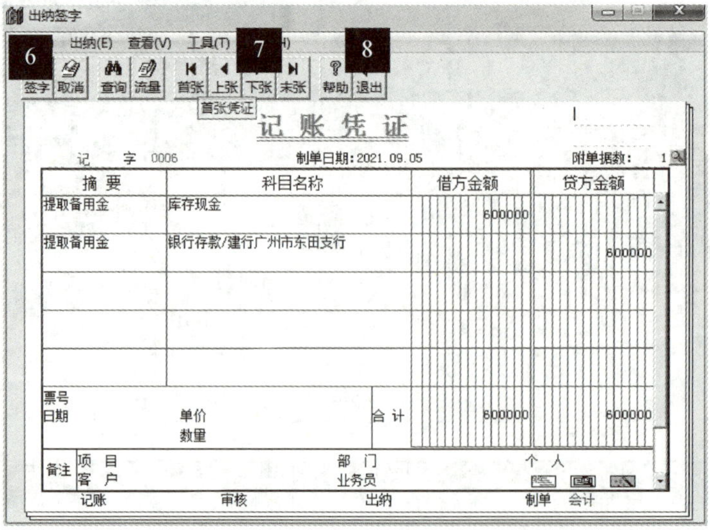
出纳签字
6
7
8
出纳(E) 查看(V) 工具(T)
签字 取消 查询 流量 首张 上张 下张 末张 帮助 退出
首张凭证
记 账 凭 证
记 字 0006
制单日期：2021.09.05
附单据数：1
摘 要
科目名称
借方金额
贷方金额
提取备用金 库存现金 600000
提取备用金 银行存款/建行广州市东田支行 600000
票号
日期
单价
数量
合 计 600000 600000
备注
项 目
客 户
部 门
业务员
个 人
记账
审核
出纳
制单 会计

凭证一经签字，就不能被修改、删除，只有取消签字后才可以重新修改或删除，取消签字只能由签字的出纳人员本人操作。

6. 审核凭证

以账套主管的身份登录畅捷通 T3 软件，并对凭证进行审核。

操作步骤

[总账]→[凭证]→[审核凭证]→选择凭证类别为记账凭证，月份为 2021 年 9 月及全部凭证→[确认]→[确定]→[审核]→[下张]→依次审核剩余的所有凭证→[退出]。

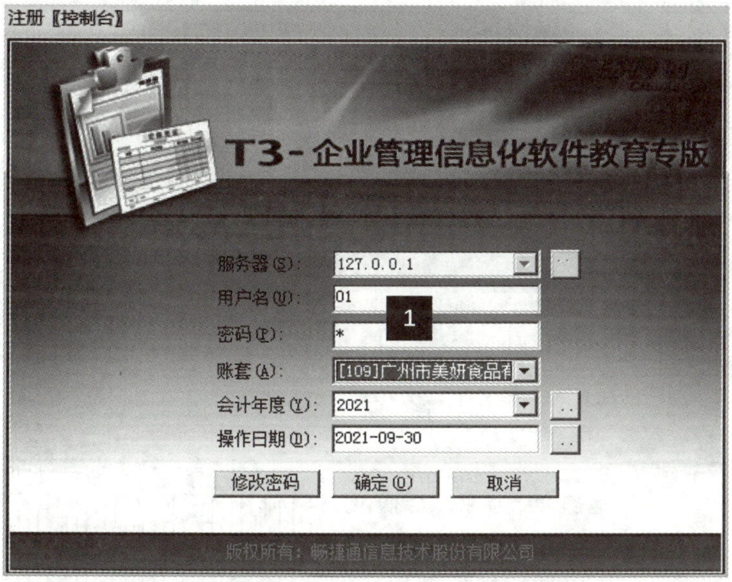

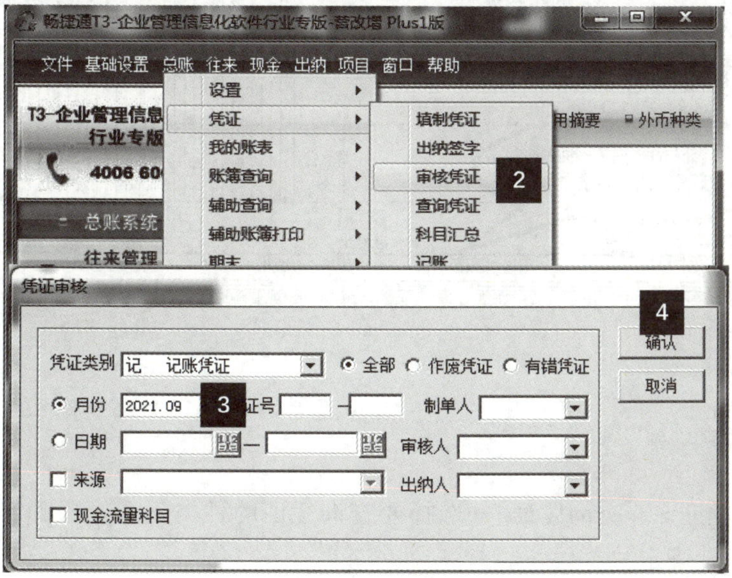

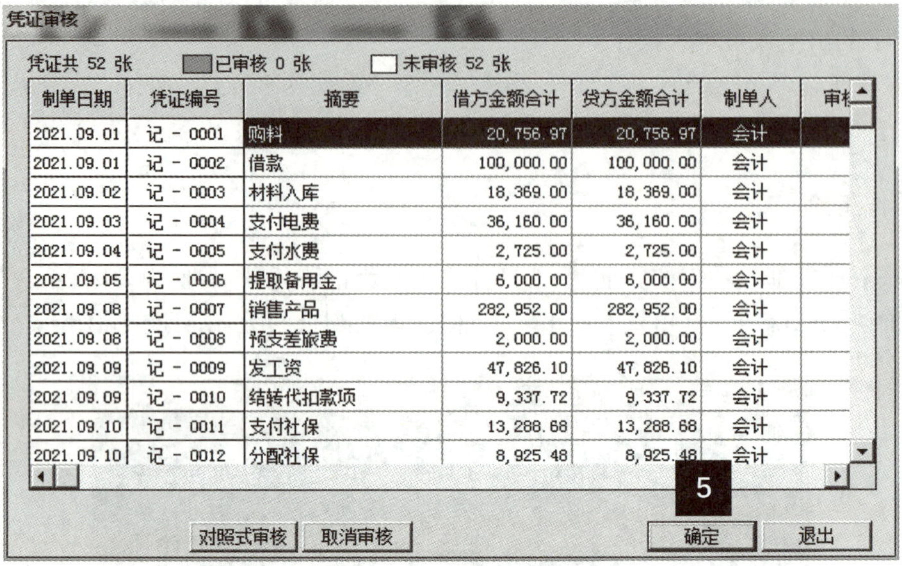

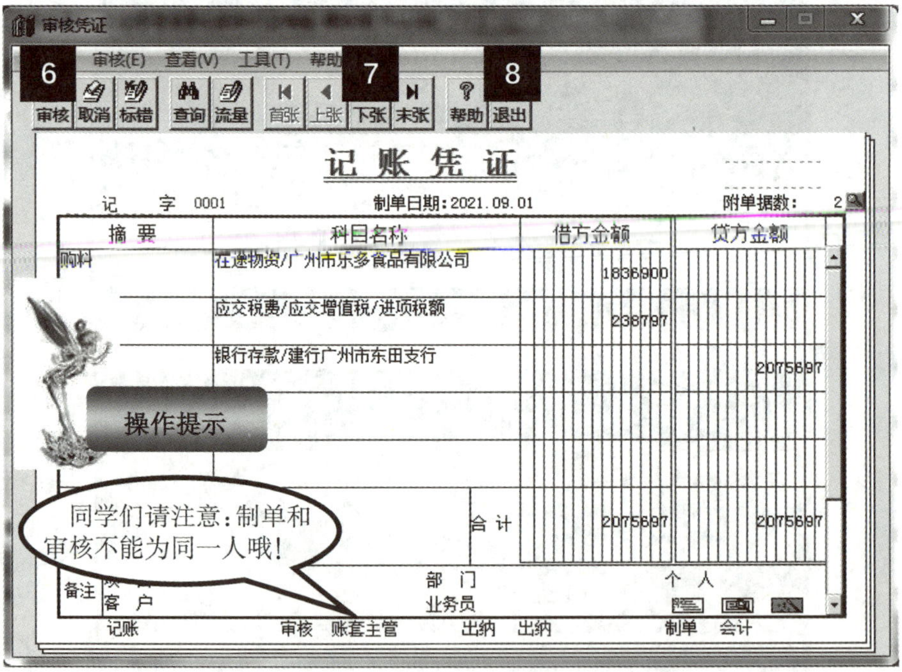

7. 查询凭证

操作步骤

[总账]→[凭证]→[查询凭证]→选择要查询凭证的种类→选择账套的会计期间→[确认]→进行查询→[确定]。

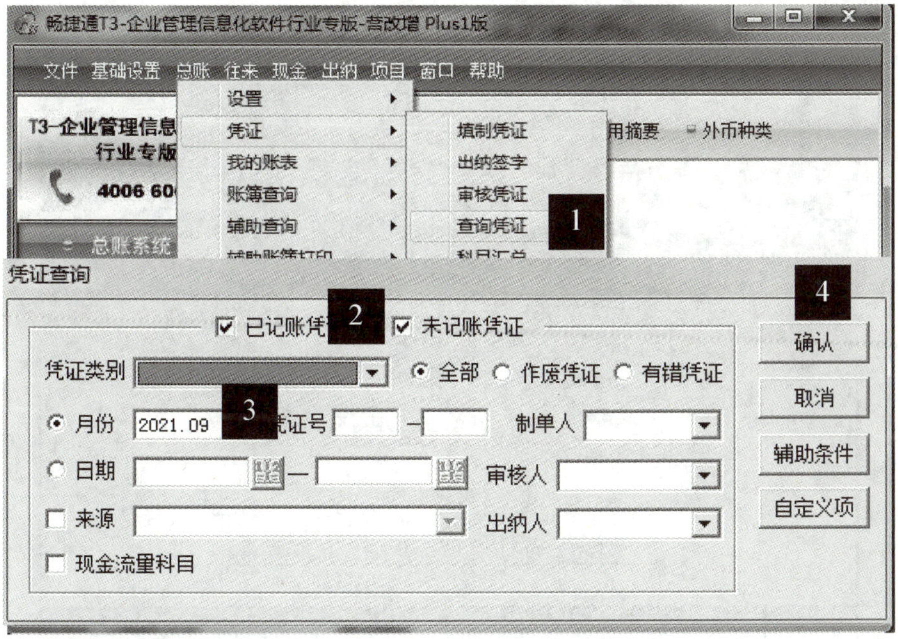

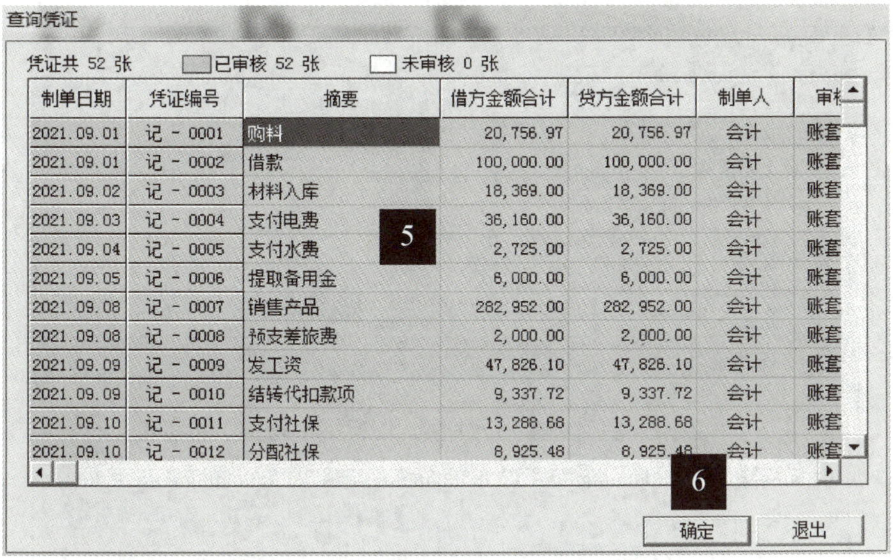

8. 凭证记账

以账套主管的身份登录畅捷通 T3 软件，并记账。

操作步骤

［总账］→［凭证］→［记账］→［全选］→［下一步］→［下一步］→［记账］→［确认］→［确定］。

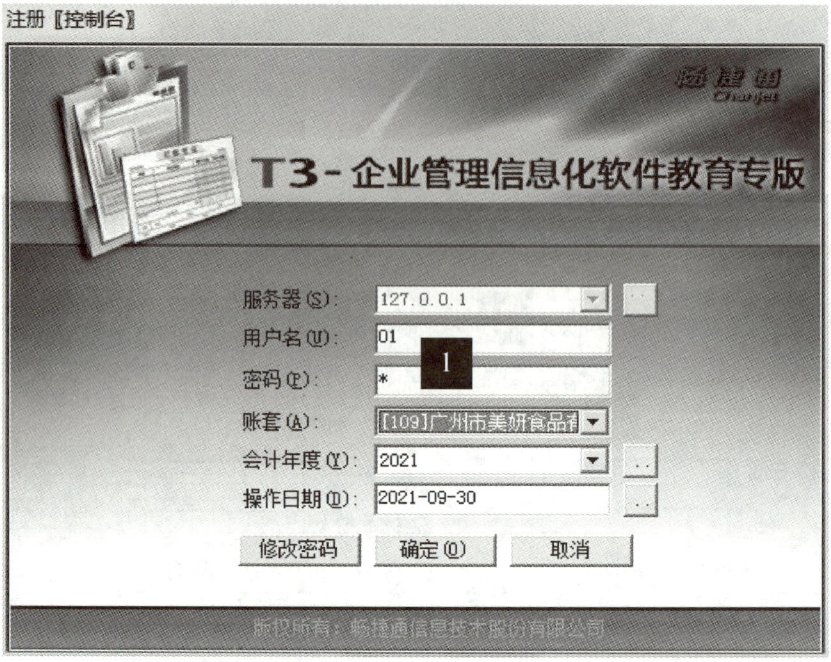
注册 【控制台】
T3-企业管理信息化软件教育专版
服务器(S): 127.0.0.1
用户名(U): 01
密码(P): *
账套(A): [109]广州市美妍食品
会计年度(Y): 2021
操作日期(D): 2021-09-30
修改密码
确定(O)
取消
1
版权所有：畅捷通信息技术股份有限公司

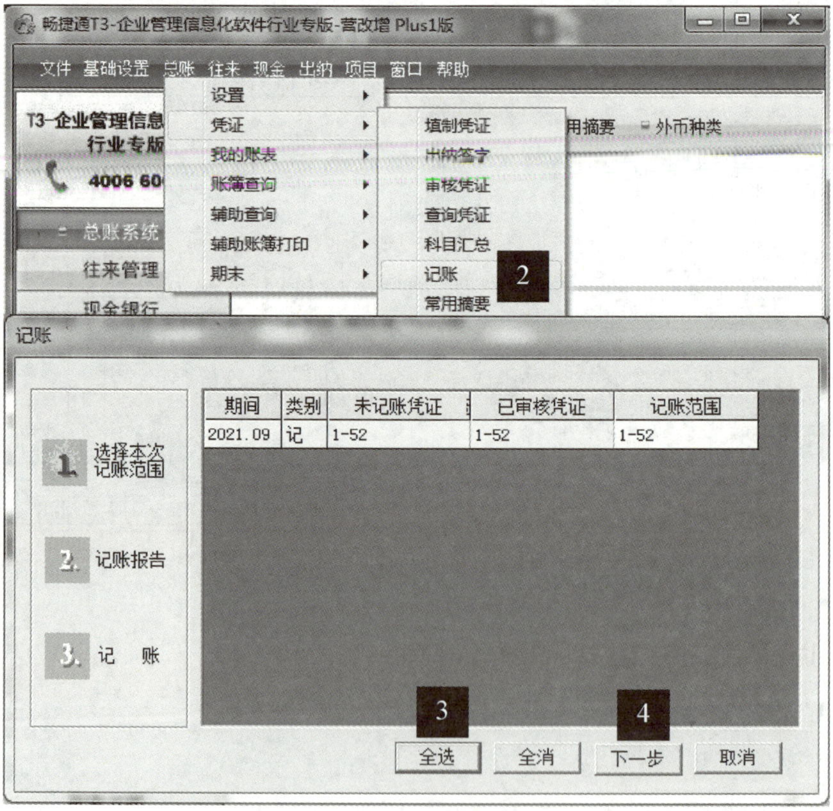
畅捷通T3-企业管理信息化软件行业专版-营改增 Plus1版
文件 基础设置 总账 往来 现金 出纳 项目 窗口 帮助
设置
凭证
我的账表
账簿查询
辅助查询
辅助账簿打印
期末
填制凭证
出纳签字
审核凭证
查询凭证
科目汇总
记账
常用摘要
2
总账系统
往来管理
记账
1. 选择本次记账范围
2. 记账报告
3. 记 账
期间 类别 未记账凭证 已审核凭证 记账范围
2021.09 记 1-52 1-52 1-52
3
4
全选
全消
下一步
取消

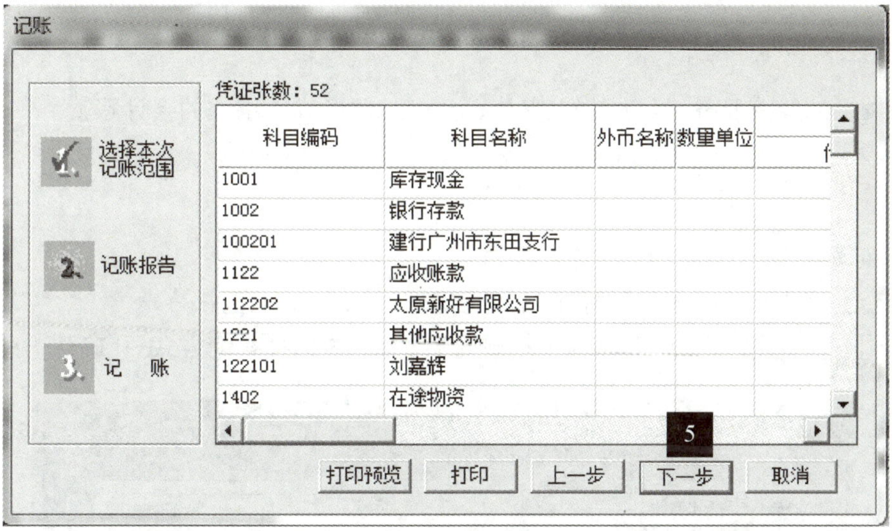
记账
凭证张数：52
选择本次记账范围
记账报告
记　账
科目编码
科目名称
外币名称
数量单位
1001 库存现金
1002 银行存款
100201 建行广州市东田支行
1122 应收账款
112202 太原新好有限公司
1221 其他应收款
122101 刘嘉辉
1402 在途物资
5
打印预览
打印
上一步
下一步
取消

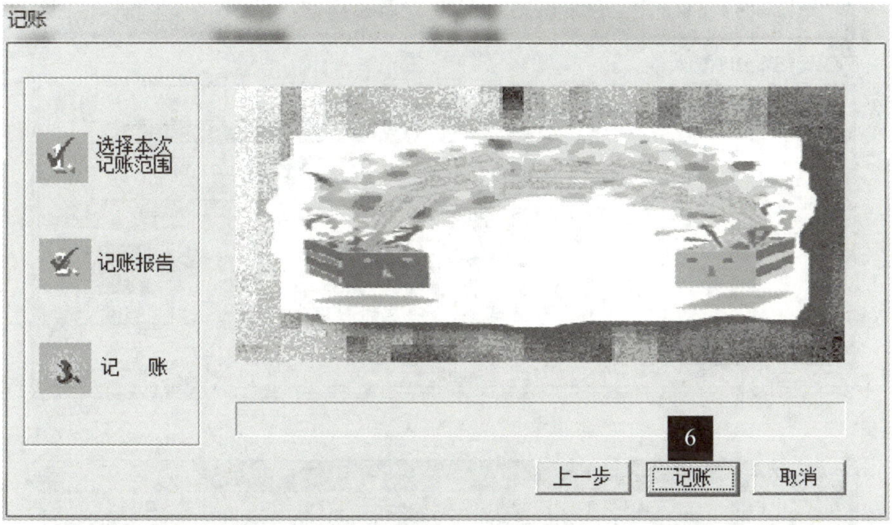
记账
选择本次记账范围
记账报告
记　账
6
上一步
记账
取消

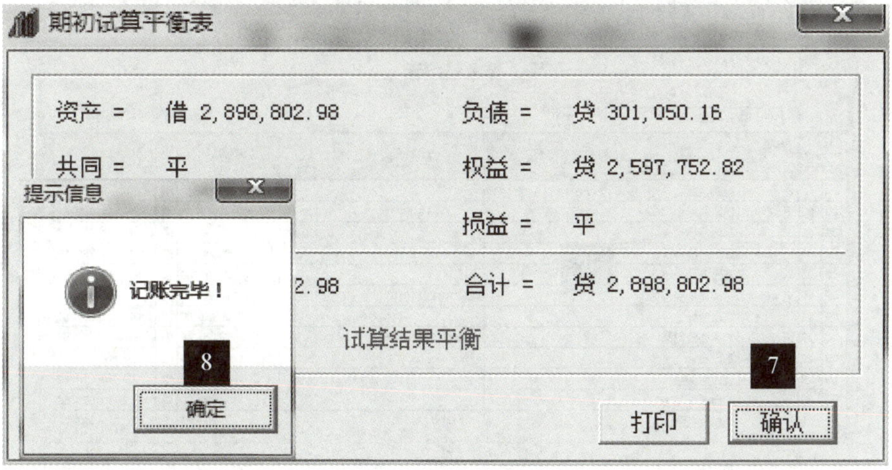
期初试算平衡表
资产 = 借 2,898,802.98
负债 = 贷 301,050.16
共同 = 平
权益 = 贷 2,597,752.82
损益 = 平
合计 = 贷 2,898,802.98
试算结果平衡
提示信息
记账完毕！
8
确定
7
打印
确认

二、账表查询

企业发生的经济业务，经过制单、审核、记账后，便形成了正式的会计账簿。

操作步骤

1. 日记账查询

以账套主管或出纳员的身份登录畅捷通 T3 软件，查询日记账。

[现金]→[现金管理]→[日记账]→[现金日记账]→选择查询方式→[确认]→[退出]。

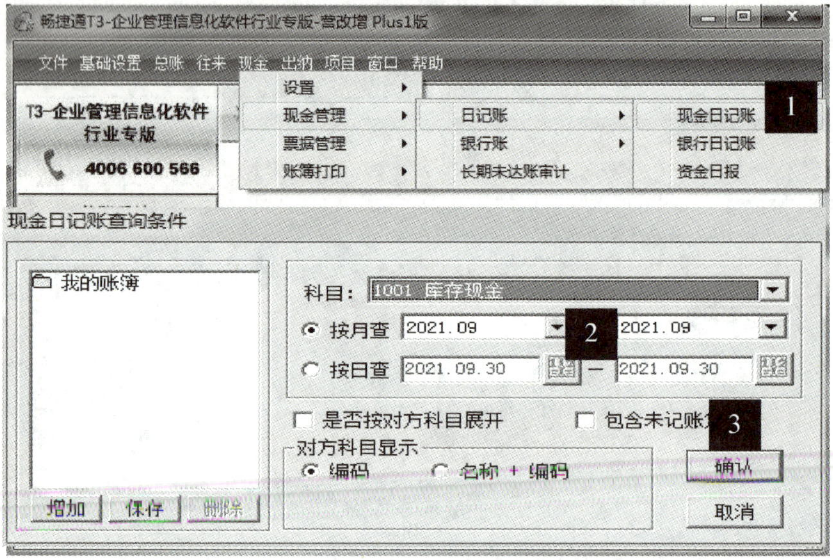

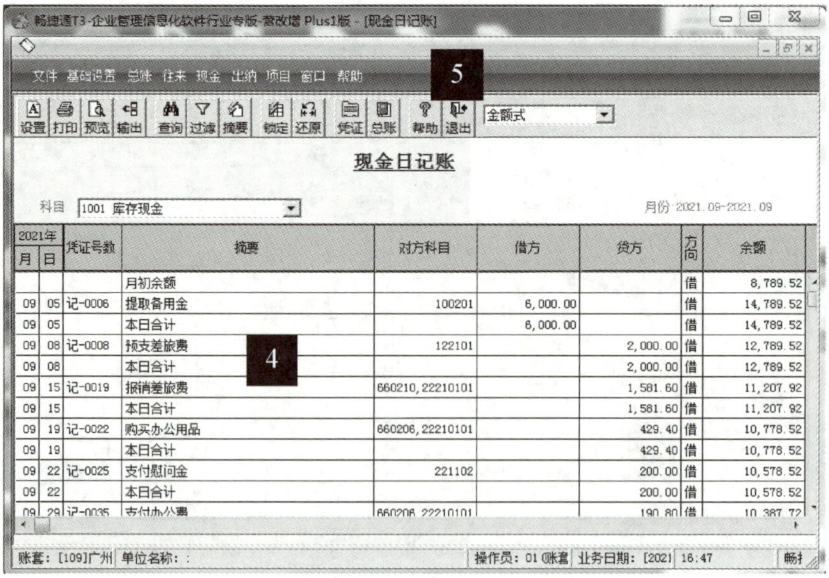

2. 明细账查询

以下账簿的查询均以账套主管或会计的身份登录畅捷通 T3 软件进行操作。

[总账]→[账簿查询]→[明细账]→选择查询科目→[确认]→进行查询→[退出]。

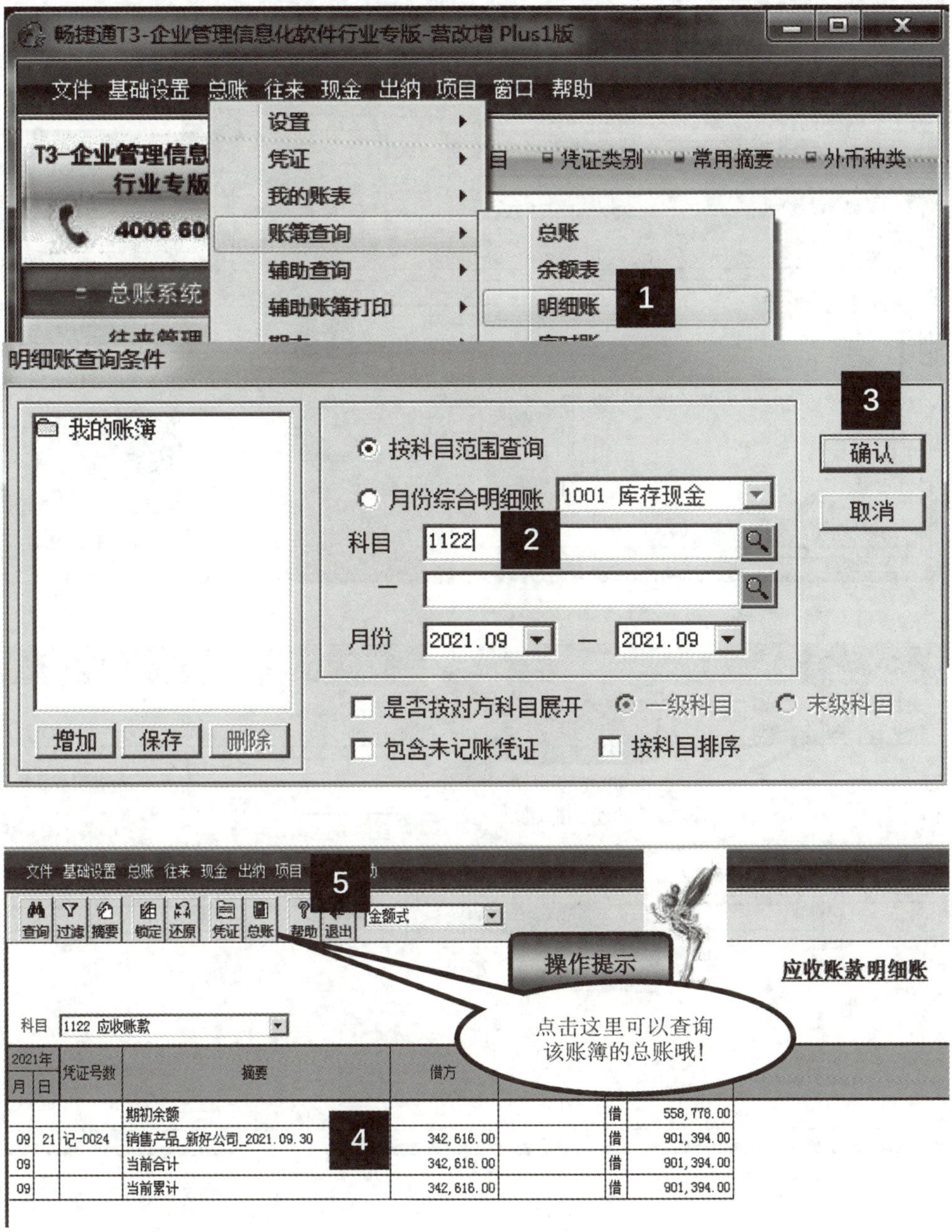

3. 总账查询

[总账]→[账簿查询]→[总账]→选择查询科目→[确认]→进行查询→[退出]。

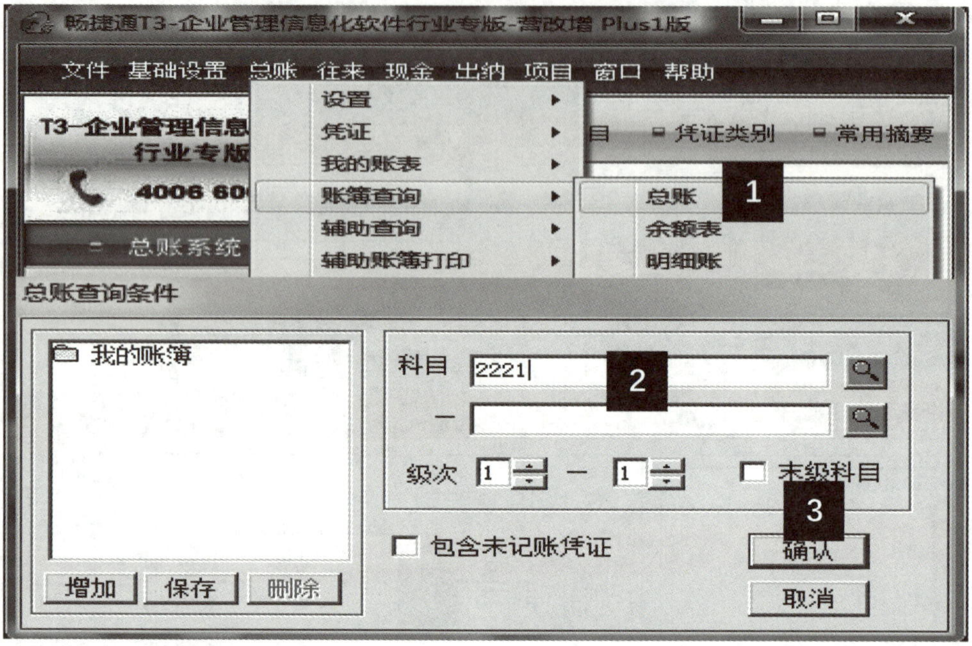

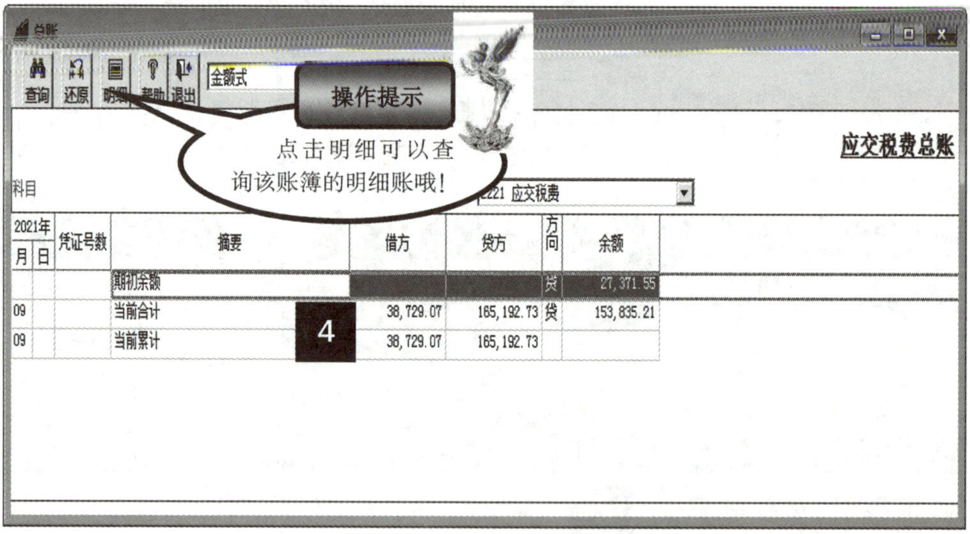

4. 多栏账查询

[总账]→[账簿查询]→[多栏账]→[增加]→选择核算科目→[自动编制]→[选项]→选择分析栏目前置→[确定]→[查询]→[退出]。

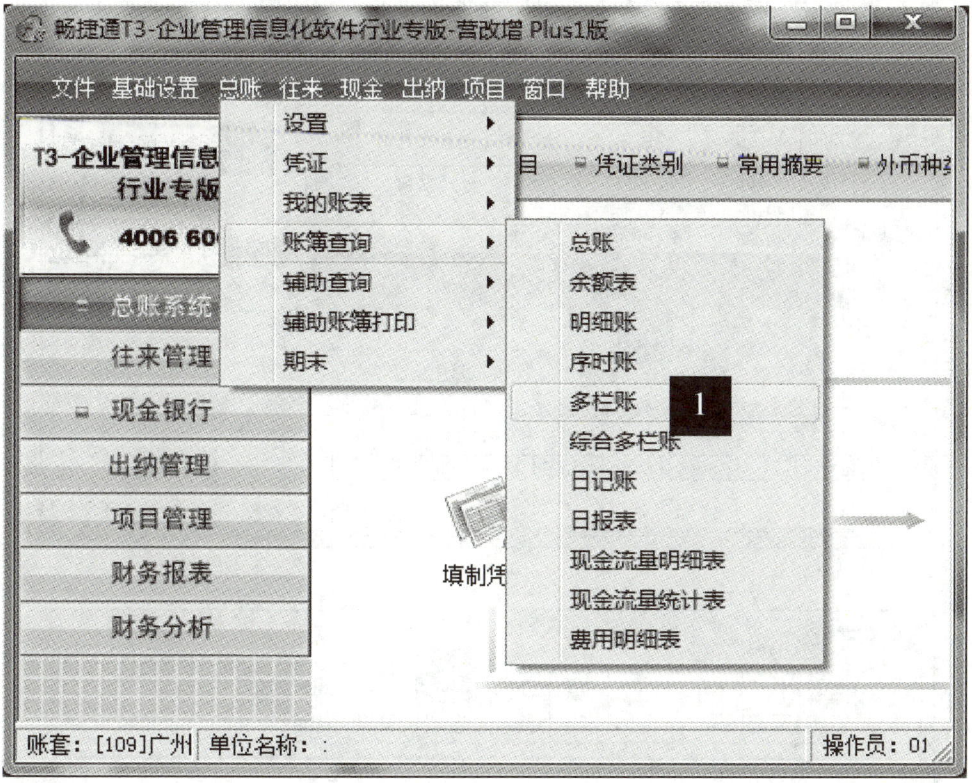

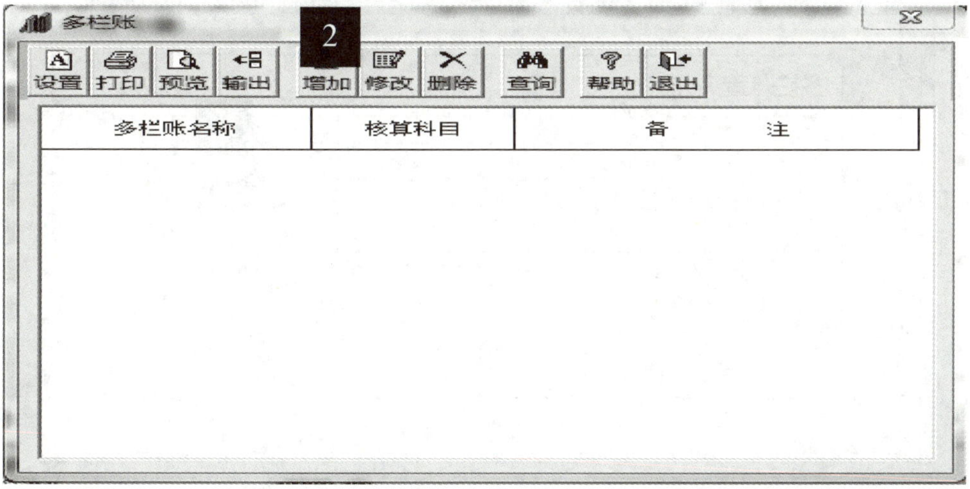

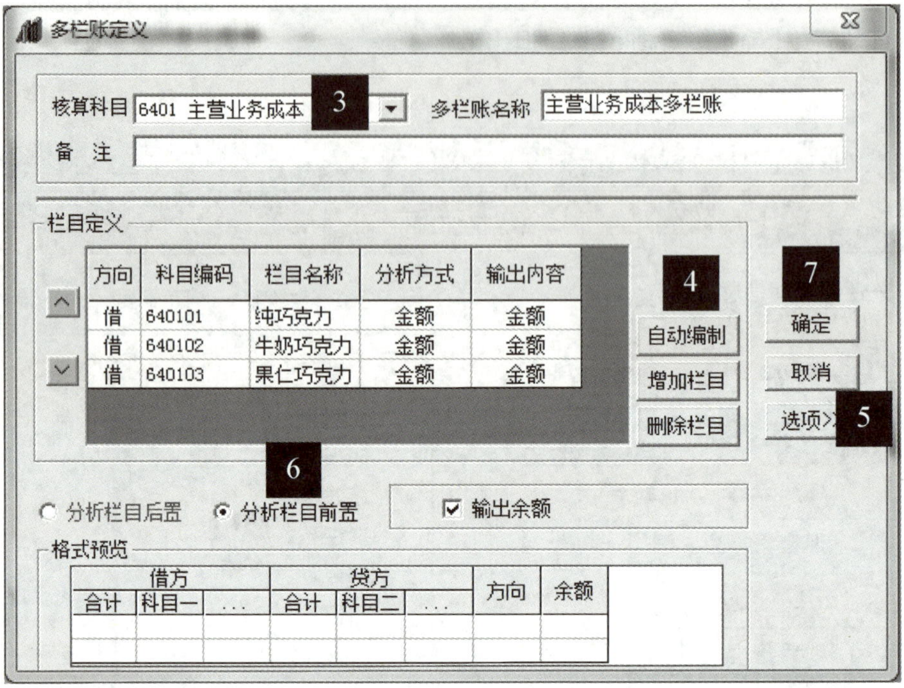
多栏账定义
核算科目
6401 主营业务成本
3
多栏账名称
主营业务成本多栏账
备 注
栏目定义
方向 科目编码 栏目名称 分析方式 输出内容
借 640101 纯巧克力 金额 金额
借 640102 牛奶巧克力 金额 金额
借 640103 果仁巧克力 金额 金额
4
自动编制
增加栏目
删除栏目
7
确定
取消
选项>>
5
6
分析栏目后置
分析栏目前置
输出余额
格式预览
借方 贷方 方向 余额
合计 科目一 合计 科目二

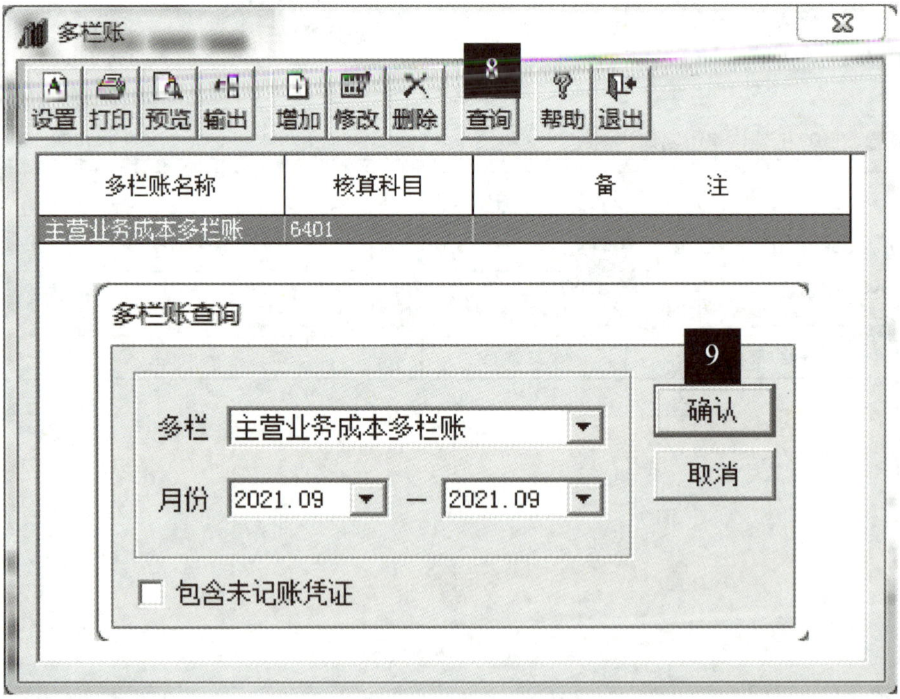
多栏账
设置 打印 预览 输出 增加 修改 删除
8
查询 帮助 退出
多栏账名称 核算科目 备 注
主营业务成本多栏账 6401
多栏账查询
9
多栏 主营业务成本多栏账
月份 2021.09 — 2021.09
确认
取消
包含未记账凭证

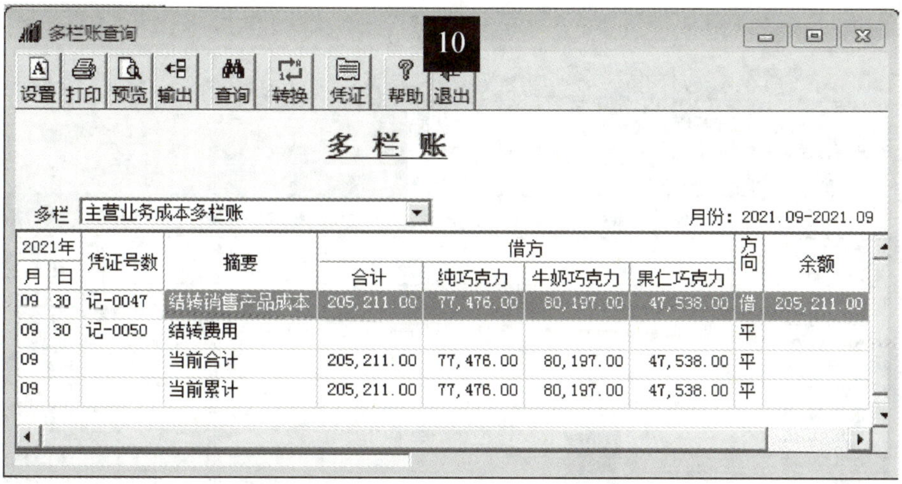

三、出纳管理

以出纳的身份登录畅捷通 T3 软件，并进行银行对账。

操作步骤

1. 录入银行对账单

[现金]→[现金管理]→[银行账]→[银行对账单]→选择要对账的月份→[确定]→[增加]→录入银行对账单的内容→[保存]→[退出]。

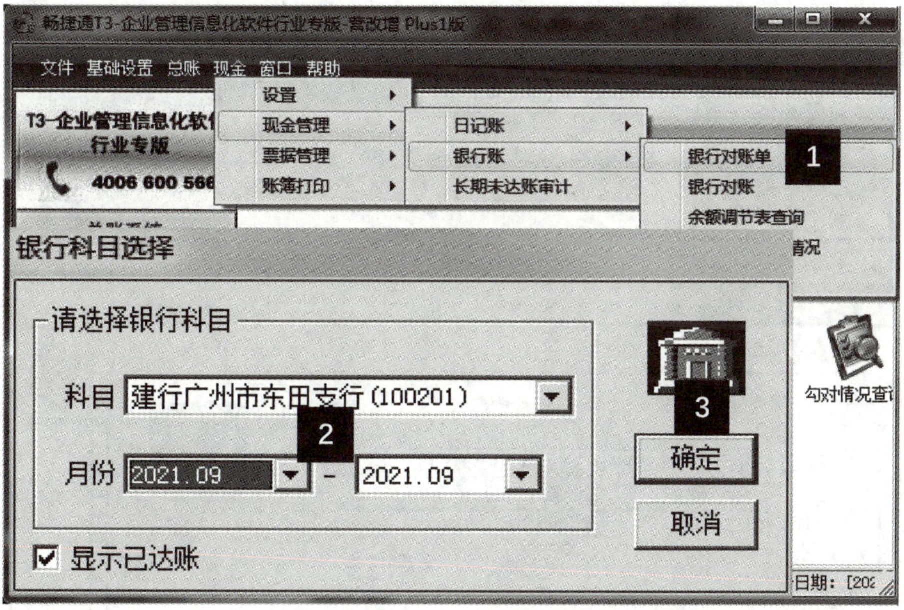

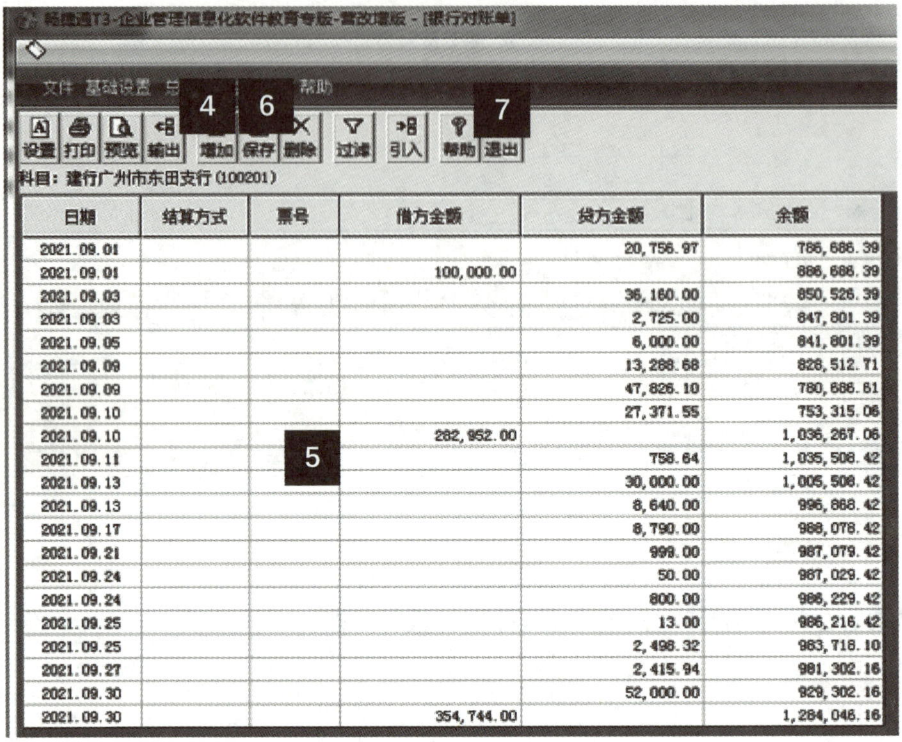

日期	结算方式	票号	借方金额	贷方金额	余额
2021.09.01				20,756.97	786,686.39
2021.09.01			100,000.00		886,686.39
2021.09.03				36,160.00	850,526.39
2021.09.03				2,725.00	847,801.39
2021.09.05				6,000.00	841,801.39
2021.09.09				13,288.68	828,512.71
2021.09.09				47,826.10	780,686.61
2021.09.10				27,371.55	753,315.06
2021.09.10			282,952.00		1,036,267.06
2021.09.11				758.64	1,035,508.42
2021.09.13				30,000.00	1,005,508.42
2021.09.13				8,640.00	996,868.42
2021.09.17				8,790.00	988,078.42
2021.09.21				999.00	987,079.42
2021.09.24				50.00	987,029.42
2021.09.24				800.00	986,229.42
2021.09.25				13.00	986,216.42
2021.09.25				2,498.32	983,718.10
2021.09.27				2,415.94	981,302.16
2021.09.30				52,000.00	929,302.16
2021.09.30			354,744.00		1,284,046.16

2. 银行对账

[现金]→[现金管理]→[银行账]→[银行对账]→选择要对账的月份→[确定]→[对账]→选择截止日期→[确定]→[退出]。

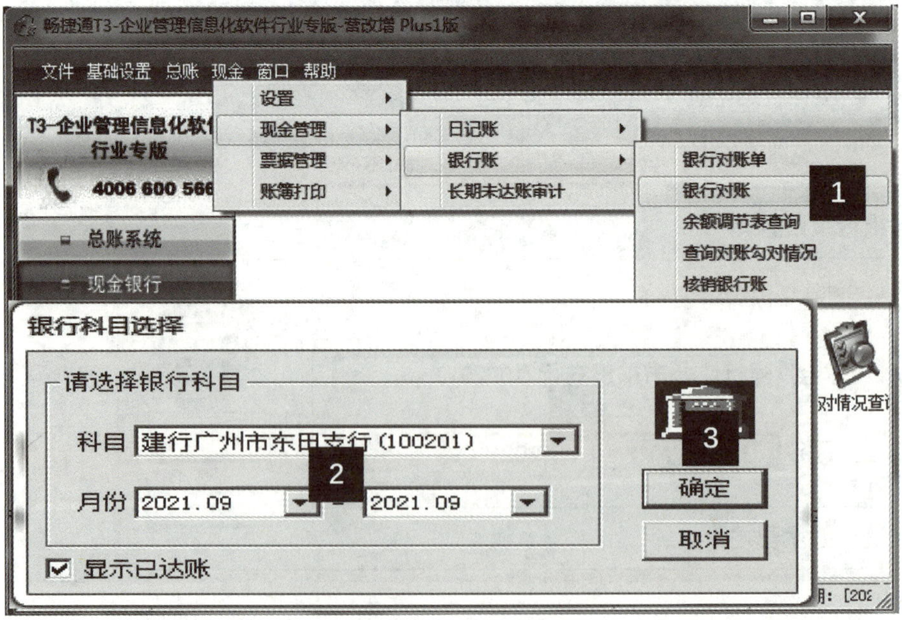

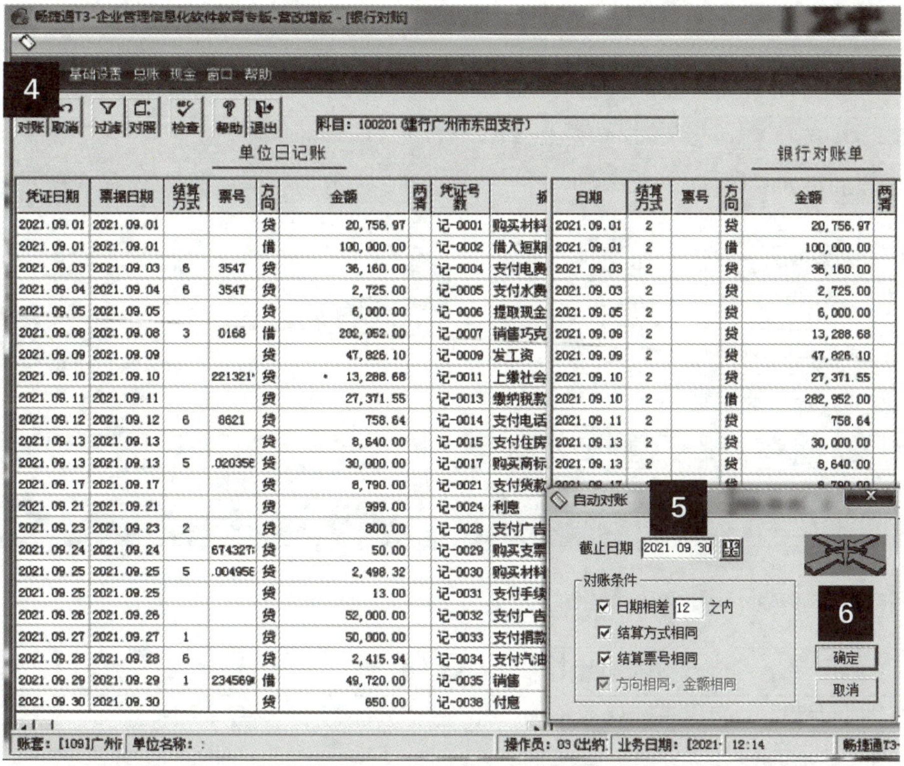
畅捷通T3-企业管理信息化软件教育专版-营改增版 - [银行对账]
4
基础设置 总账 现金 窗口 帮助
对账 取消 过滤 对照 检查 帮助 退出
科目：100201 (建行广州市东田支行)
单位日记账
银行对账单
5
自动对账
截止日期 2021.09.30
对账条件
日期相差 12 之内
结算方式相同
结算票号相同
方向相同，金额相同
6
确定
取消
账套：[109]广州 单位名称：
操作员：03 (出纳)
业务日期：[2021-
12:14
畅捷通T3-

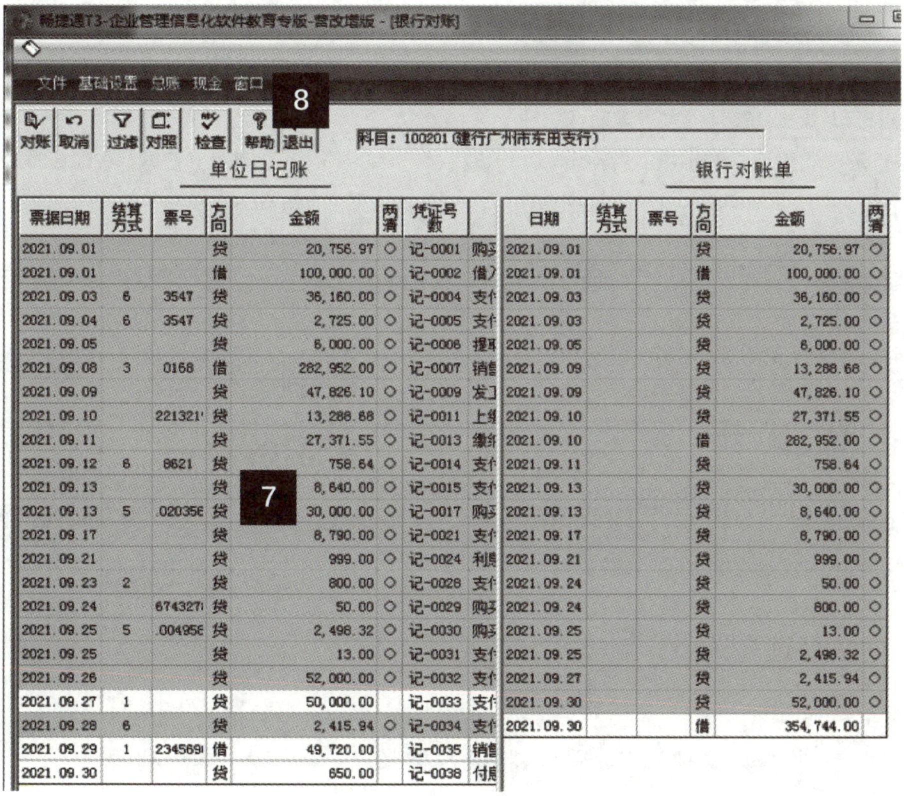
畅捷通T3-企业管理信息化软件教育专版-营改增版 - [银行对账]
文件 基础设置 总账 现金 窗口
8
对账 取消 过滤 对照 检查 帮助 退出
科目：100201 (建行广州市东田支行)
单位日记账
银行对账单
7

3. 查询银行存款余额调节表

[现金]→[现金管理]→[银行账]→[余额调节表查询]→[查看]→[退出]。

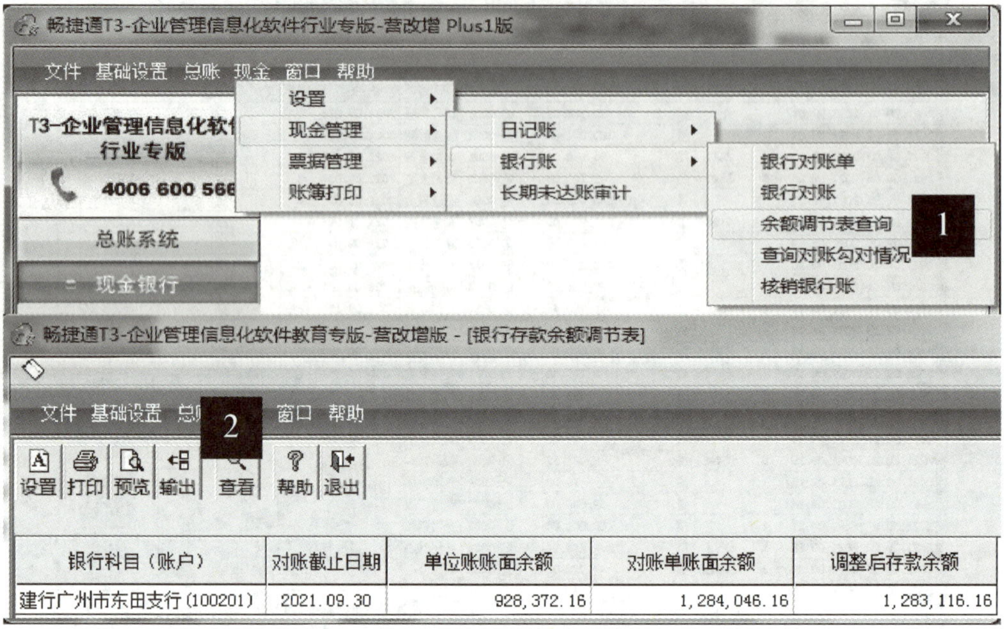

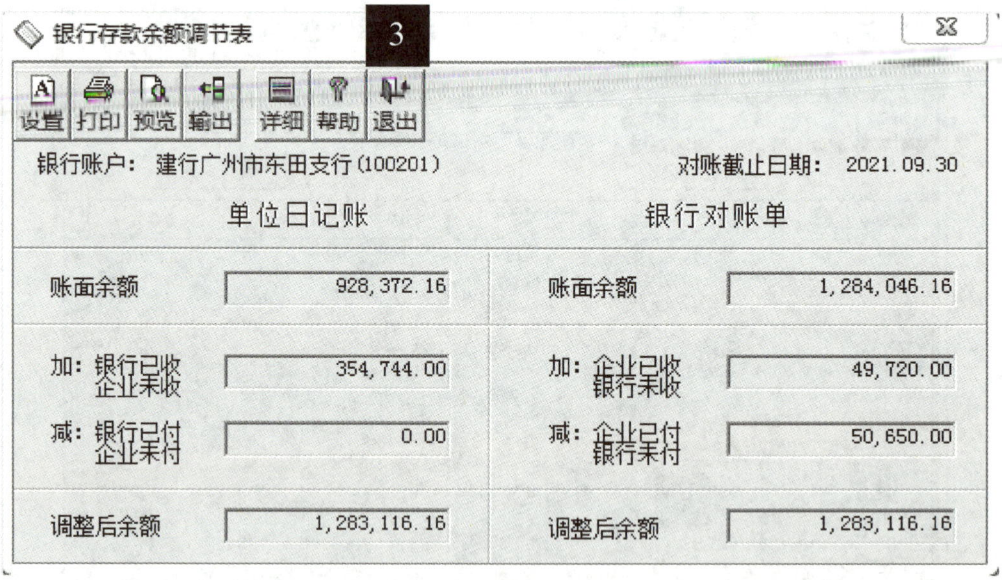

四、期末处理

1. 自动结转

以会计的身份登录畅捷通 T3 软件，将损益类账户余额转入“本年利润”。

操作步骤

1）转账定义

[总账]→[期末]→[转账定义]→[期间损益]→选择本年利润科目编码→[确定]。

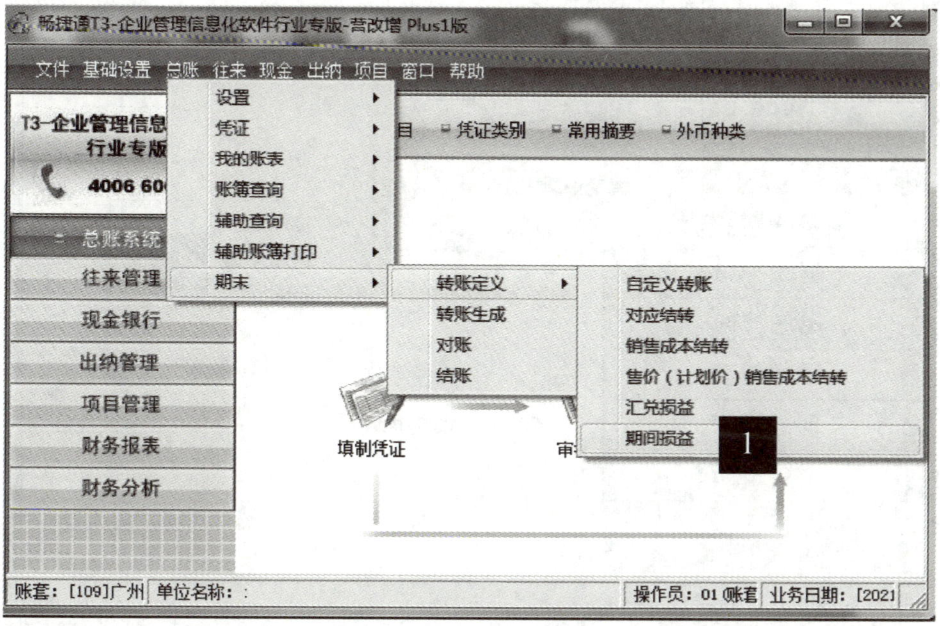

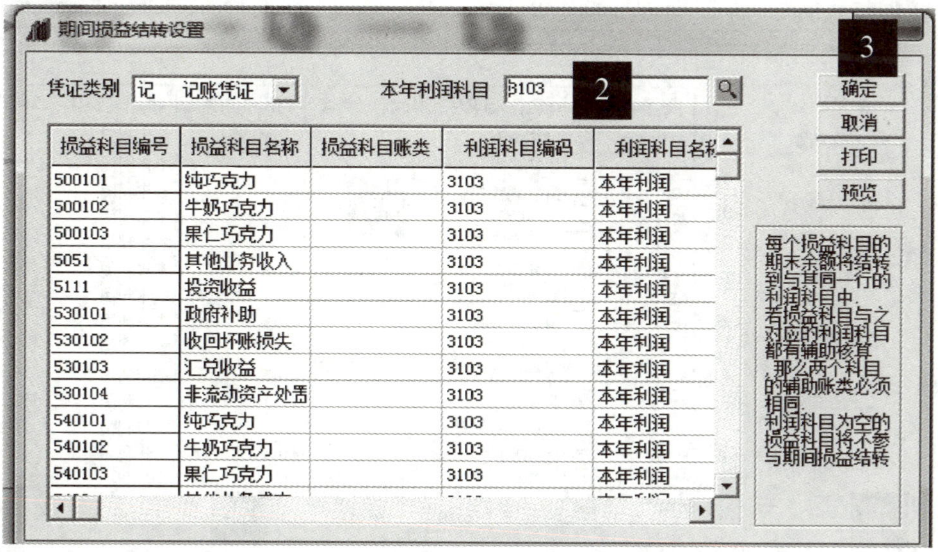

损益科目编号	损益科目名称	损益科目账类	利润科目编码	利润科目名称
500101	纯巧克力		3103	本年利润
500102	牛奶巧克力		3103	本年利润
500103	果仁巧克力		3103	本年利润
5051	其他业务收入		3103	本年利润
5111	投资收益		3103	本年利润
530101	政府补助		3103	本年利润
530102	收回坏账损失		3103	本年利润
530103	汇兑收益		3103	本年利润
530104	非流动资产处置		3103	本年利润
540101	纯巧克力		3103	本年利润
540102	牛奶巧克力		3103	本年利润
540103	果仁巧克力		3103	本年利润

2）转账生成凭证

［总账］→［期末］→［转账生成］→选择“结转月份”→单击“期间损益结转”→选择自动结转的科目→［确定］→选择制单日期→［保存］→［退出］。

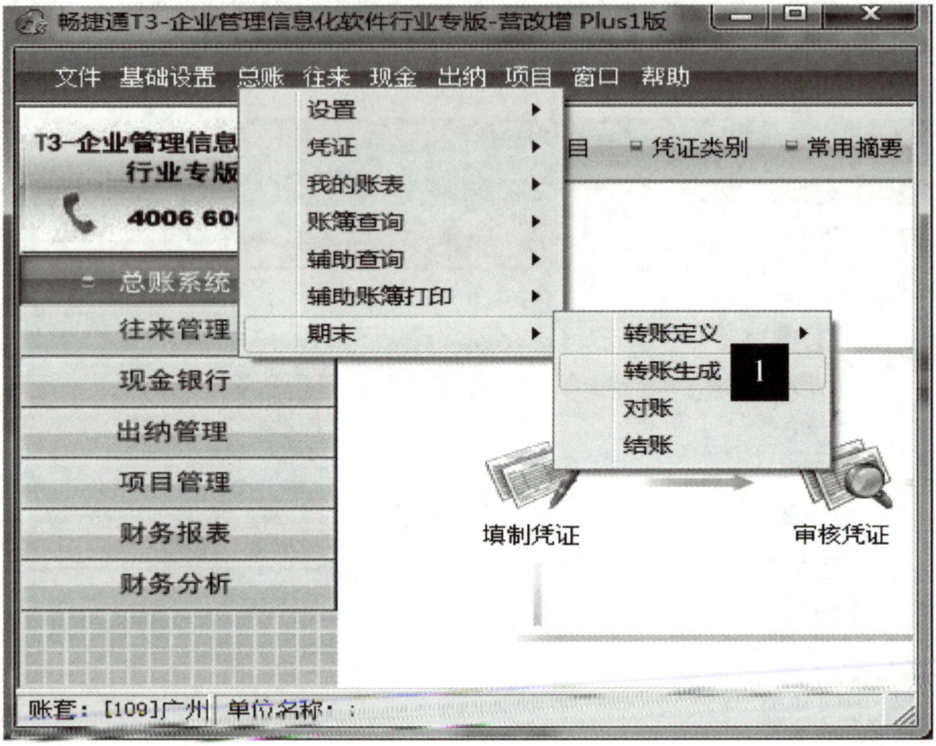

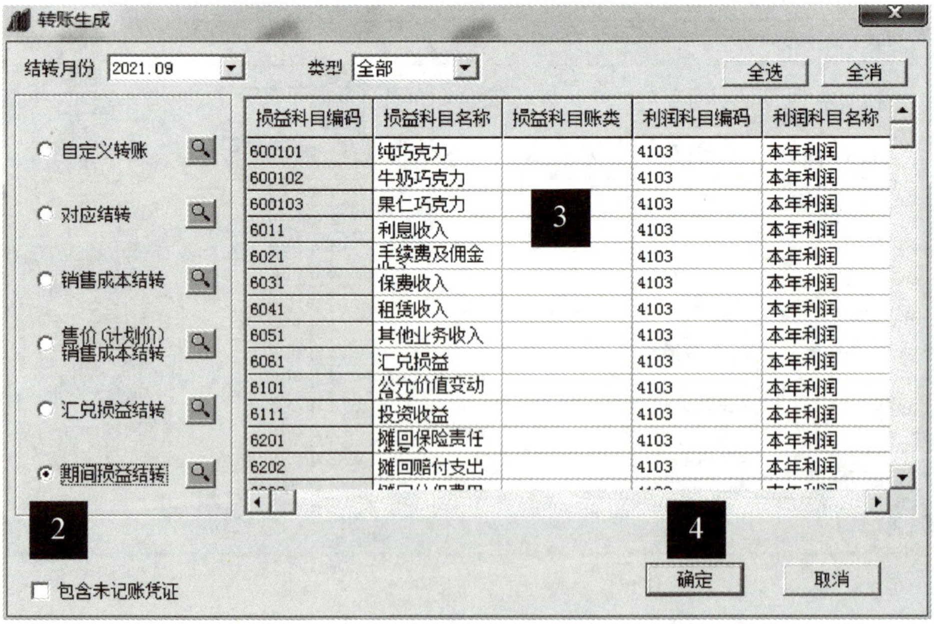

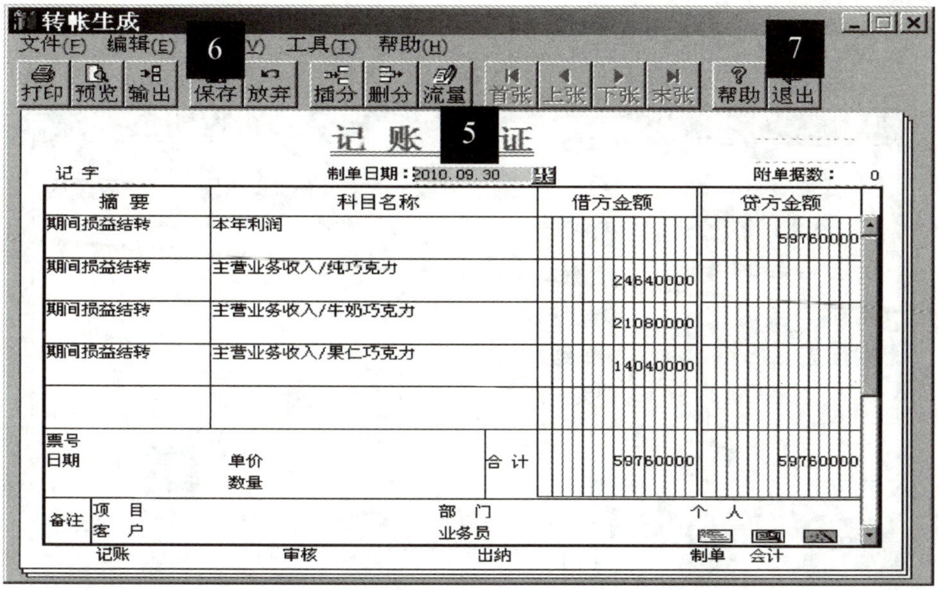

以上是将收入类的账户结转到本年利润，接下来还要用同样的方法将费用类的账户自动结转到本年利润账户。

3）审核凭证

以账套主管的身份登录畅捷通 T3 软件，并对自动生成的两张凭证进行审核。

4）记账

以会计的身份登录畅捷通 T3 软件，并对自动生成的两张凭证进行记账。

操作提示

同学们：做到这里请不要忘记计提并结转本季所得税哦！所生成的记账凭证也要进行审核、记账。

2. 对账

以账套主管的身份登录畅捷通 T3 软件，进行对账操作。

操作步骤

[总账]→[期末]→[对账]→[试算]→[选择]→[对账]。

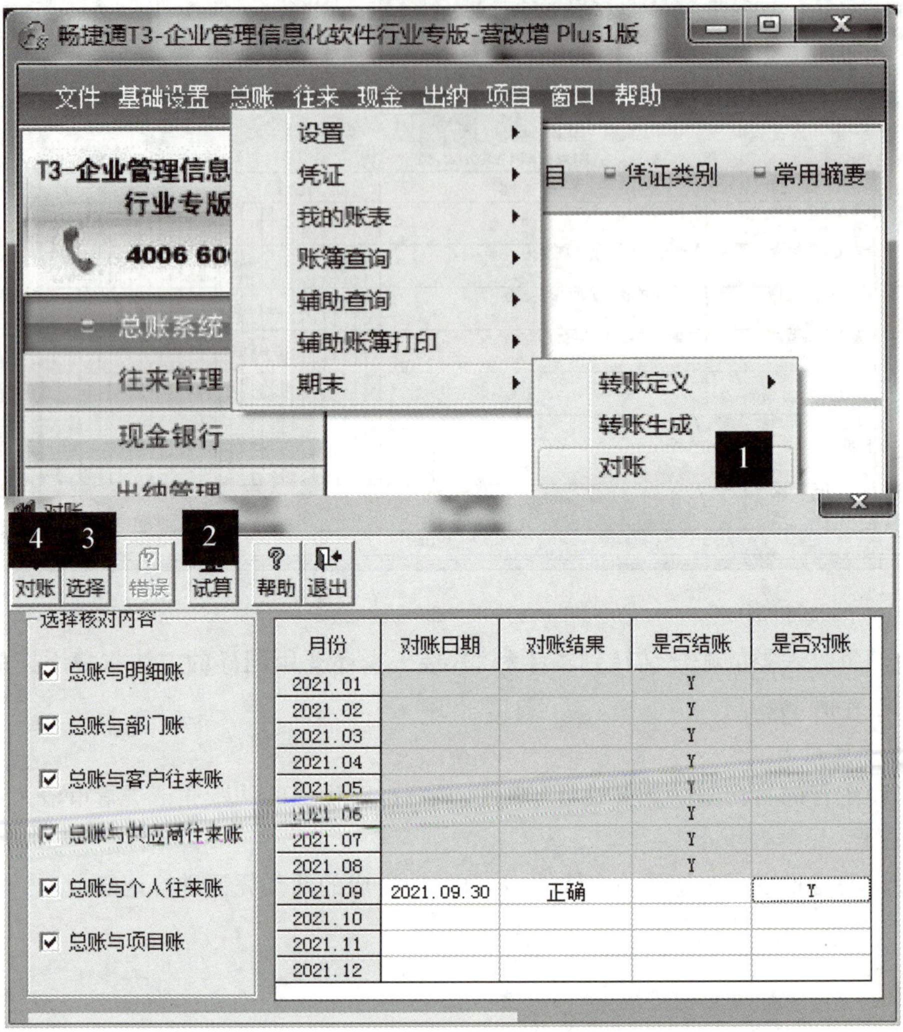

3．结账

以账套主管的身份登录畅捷通 T3 软件，进行结账操作。

操作步骤

[总账]→[期末]→[结账]→选择要结账的月份→[下一步]→[对账]→[下一步]→[下一步]→[结账]。

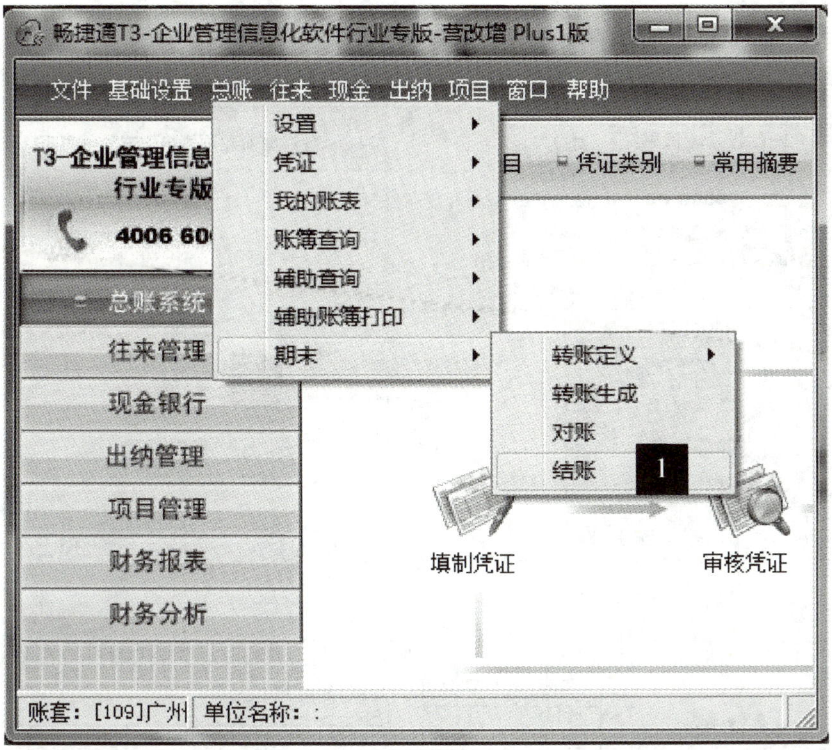

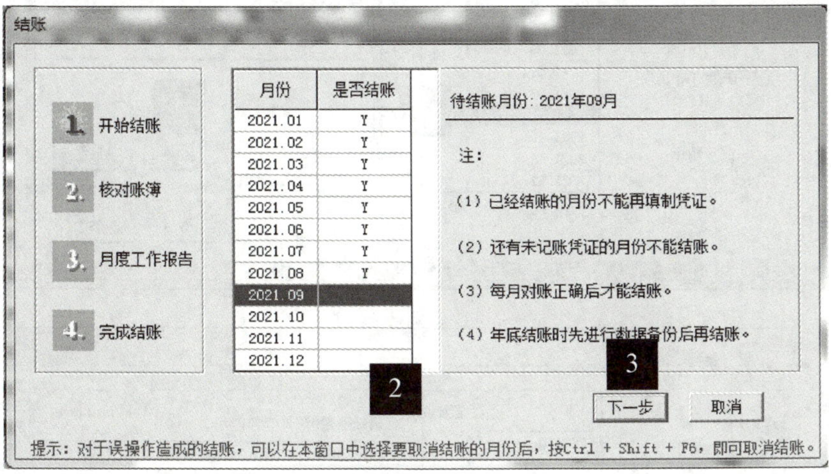

技能拓展

反结账的处理

当总账系统结账后，发现当月账务处理有错误时，可以采用反结账的方法进行修改。反结账由账套主管进行操作。

取消结账

[总账]→[期末]→[结账]→选择 2021 年 9 月→按 CTRL + SHIFT + F6 →输入账套主管的口令→[确认]→2021 年 9 月是否结账的 Y 被取消→[取消]。

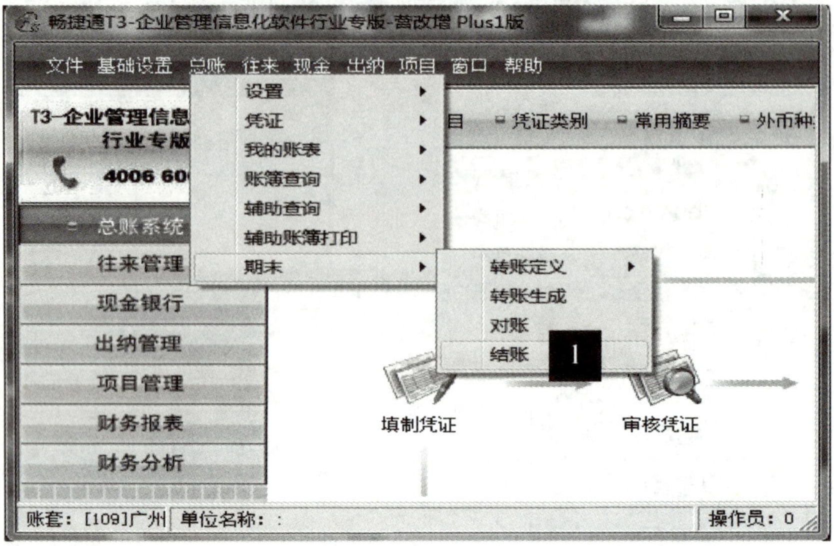
畅捷通T3-企业管理信息化软件行业专版-营改增 Plus1版
文件 基础设置 总账 往来 现金 出纳 项目 窗口 帮助
设置
凭证
我的账表
账簿查询
辅助查询
辅助账簿打印
期末
转账定义
转账生成
对账
结账
1
凭证类别
常用摘要
外币种
总账系统
往来管理
现金银行
出纳管理
项目管理
财务报表
财务分析
填制凭证
审核凭证
账套：[109]广州
单位名称：
操作员：0

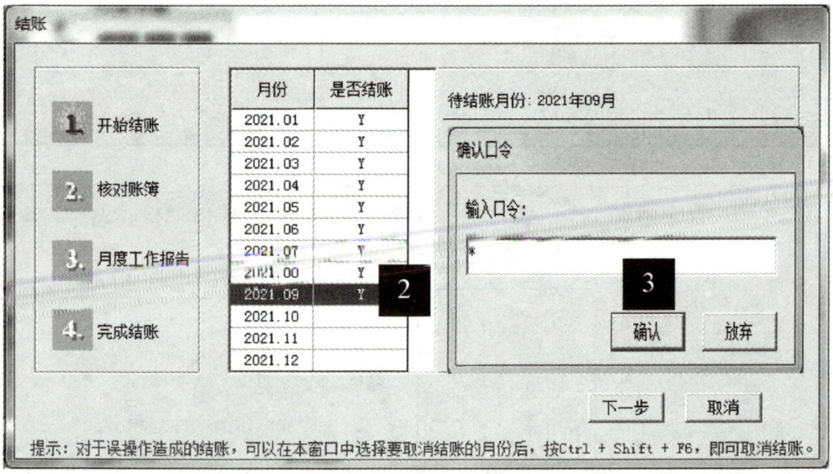
结账
1. 开始结账
2. 核对账簿
3. 月度工作报告
4. 完成结账
月份
是否结账
2021.01 Y
2021.02 Y
2021.03 Y
2021.04 Y
2021.05 Y
2021.06 Y
2021.07 Y
2021.08 Y
2021.09 Y
2021.10
2021.11
2021.12
2
待结账月份：2021年09月
确认口令
输入口令：
3
确认
放弃
下一步
取消
提示：对于误操作造成的结账，可以在本窗口中选择要取消结账的月份后，按Ctrl + Shift + F6，即可取消结账。

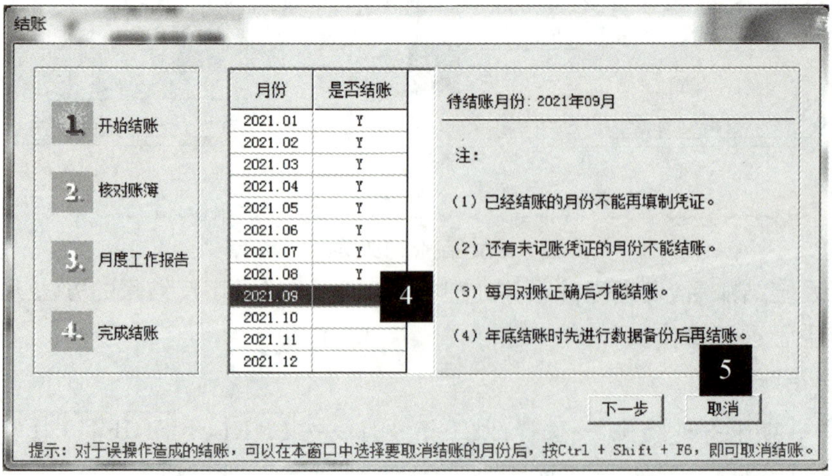
结账
1. 开始结账
2. 核对账簿
3. 月度工作报告
4. 完成结账
月份
是否结账
2021.01 Y
2021.02 Y
2021.03 Y
2021.04 Y
2021.05 Y
2021.06 Y
2021.07 Y
2021.08 Y
2021.09
2021.10
2021.11
2021.12
4
待结账月份：2021年09月
注：
（1）已经结账的月份不能再填制凭证。
（2）还有未记账凭证的月份不能结账。
（3）每月对账正确后才能结账。
（4）年底结账时先进行数据备份后再结账。
5
下一步
取消
提示：对于误操作造成的结账，可以在本窗口中选择要取消结账的月份后，按Ctrl + Shift + F6，即可取消结账。

激活记账前状态

[总账]→[期末]→[对账]→选择 2021.09 后的任一单元格→按CTRL+H→[确定]→[退出]。

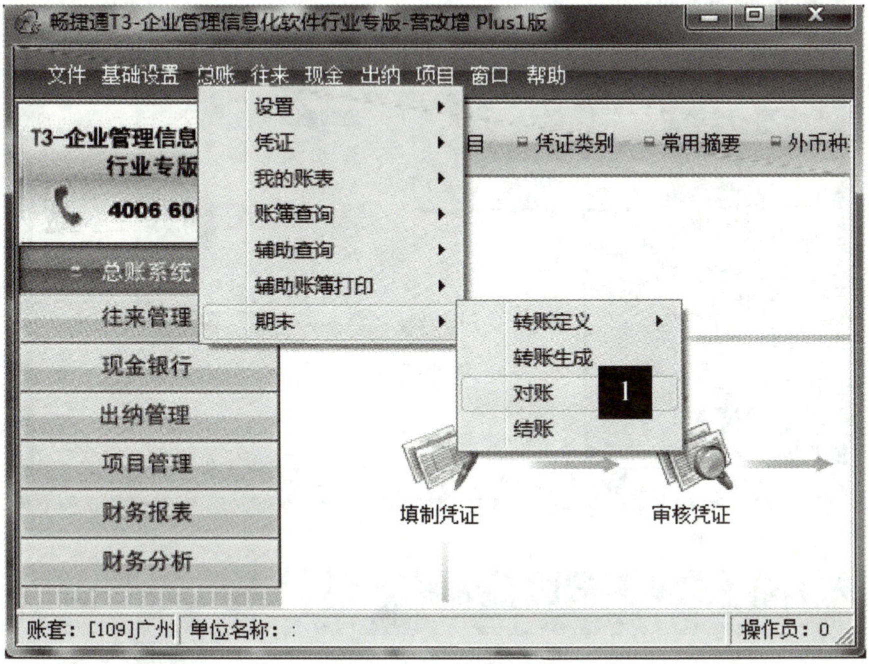

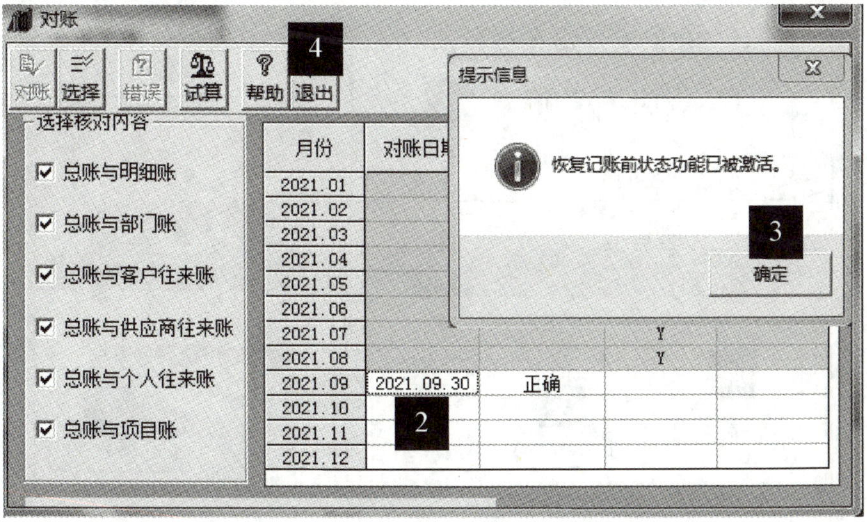

恢复记账前状态

[总账]→[凭证]→[恢复记账前状态]→选择 2021 年 09 月初状态→[确定]→输入账套主管密码→[确认]→[确定]。

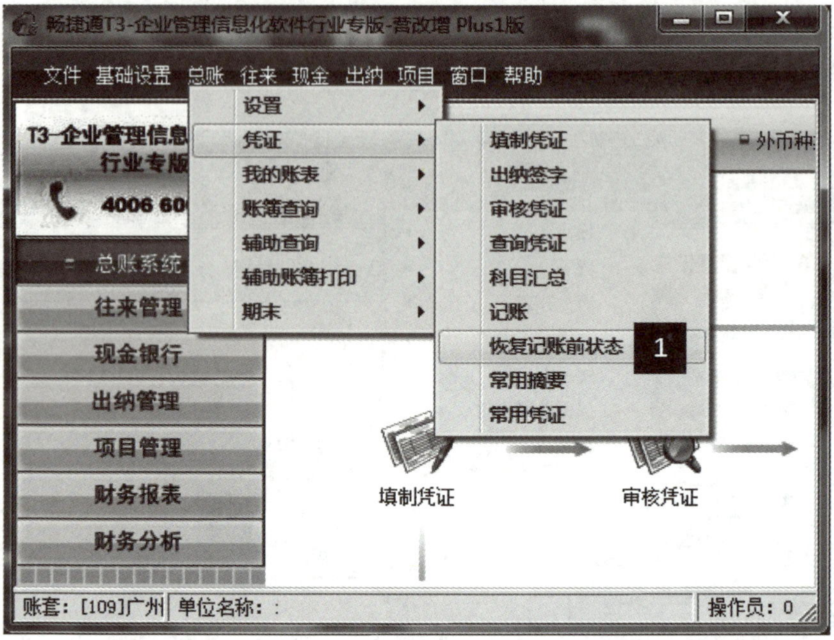

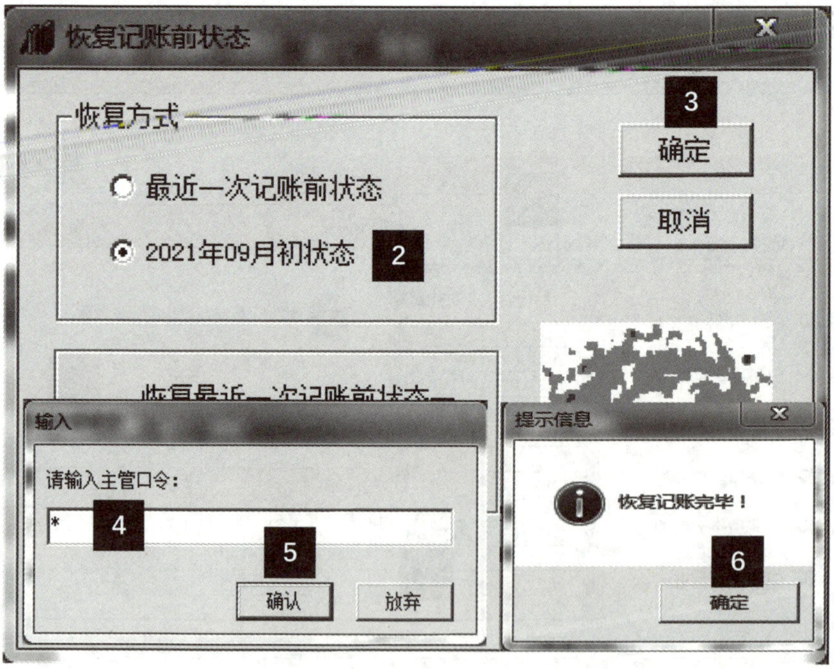

完成以上操作可以恢复到记账前状态，并对凭证进行修改。

任务5　编制会计报表

操作背景

月末结账后，可以出报表啦！

以账套主管的身份登录畅捷通 T3 软件，编制广州市美妍食品有限公司 2021 年 9 月份的资产负债表和利润表。

一、设计报表

操作步骤

1. 新建报表

[财务报表]→[文件]→[新建]→选择小企业会计准则(2013)→选择资产负债表或利润表→[确定]。

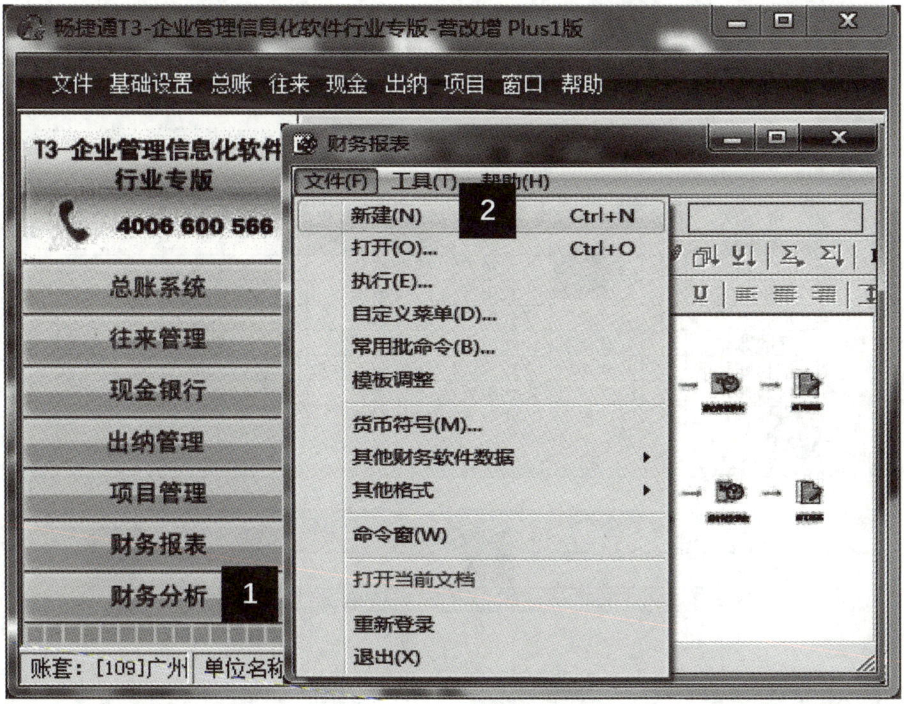

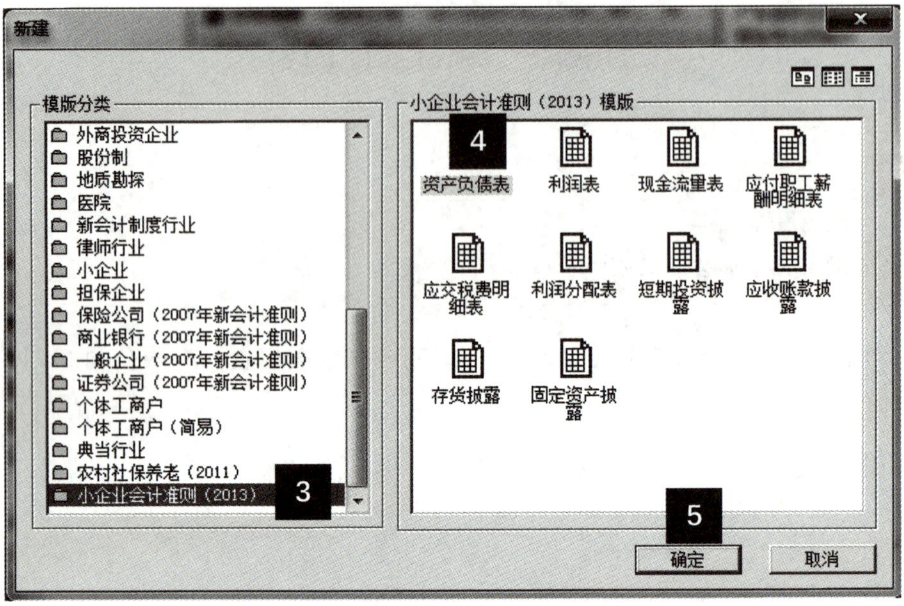

2. 编辑报表公式

选择格式状态→双击印有“公式单元”的任一单元格→编辑该单元格的计算公式→[确认]。

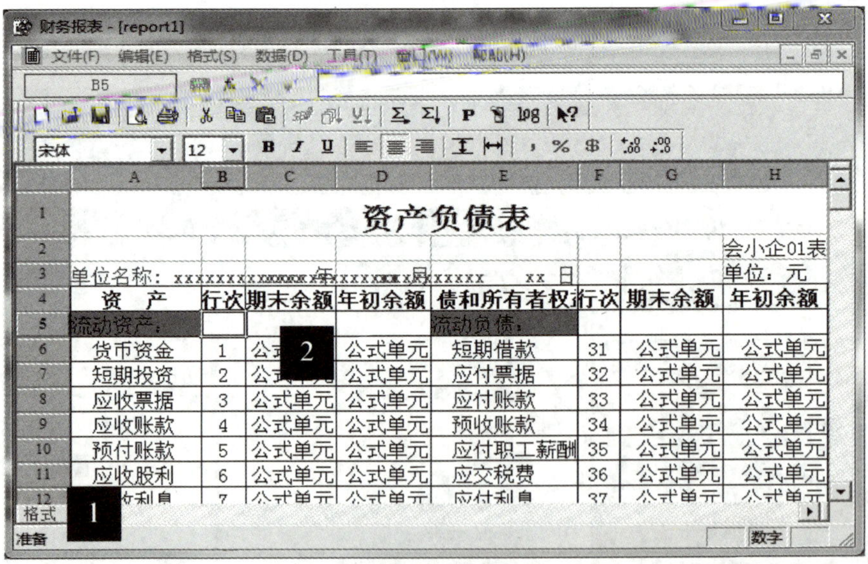

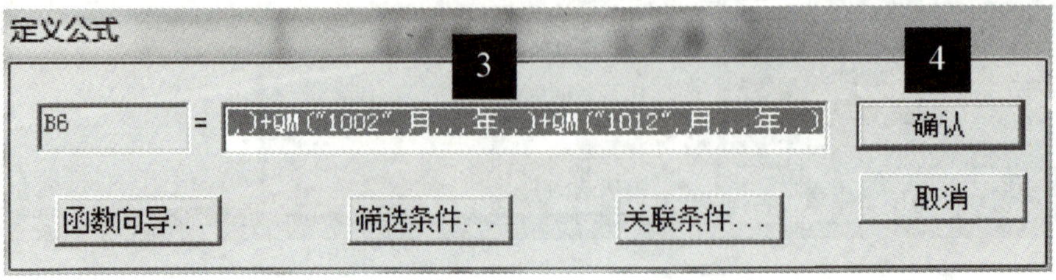

二、报表数据处理

操作步骤

1. 设置关键字

切换到数据状态→[数据]→[关键字]→[录入]→录入关键字→[确认]→[否]。

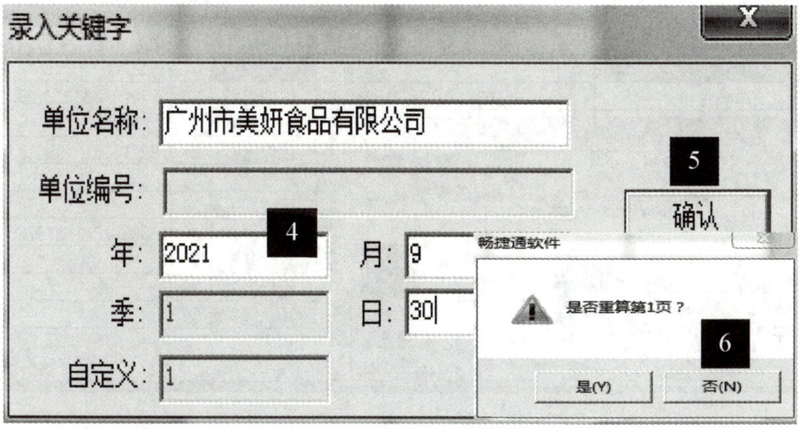

2. 报表重算

[数据]→[表页重算]→[是]→生成报表。

若变动单元公式在“格式”状态下修改，重新进入“数据”状态时，系统则提示是否整表进行重算。

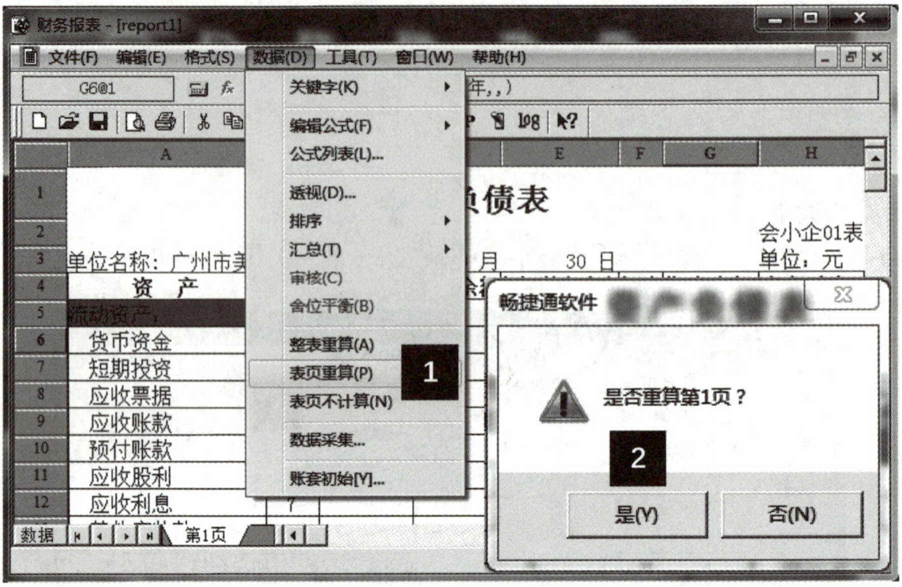

3. 保存报表

[保存]→选择存放报表的文件夹并为报表命名→[保存]。

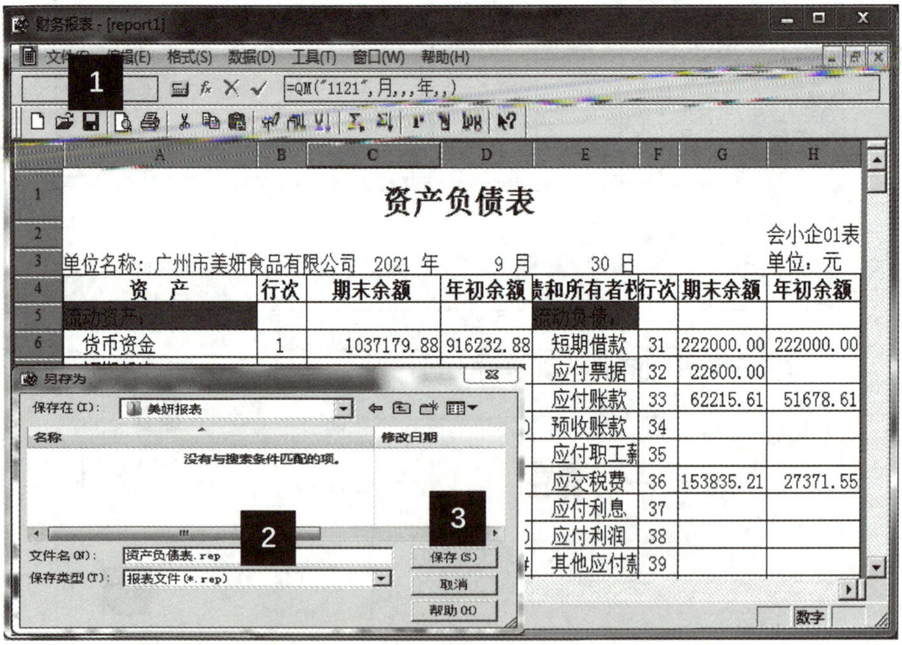

实训答案

参考文献

1. 中华人民共和国财政部.小企业会计准则[M].北京:经济科学出版社,2011.
2. 中华人民共和国财政部.小企业会计准则释义[M].北京:中国财政经济出版社,2011.
3. 余国艳.出纳实务(第三版)[M].北京:科学出版社,2019.